Erwin Richter

So lernen Kinder sprechen

Erwin Richter

So lernen Kinder sprechen

Die normale und die gestörte Sprachentwicklung

Ernst Reinhardt Verlag München Basel

Erwin Richter, Sprachtherapeut
Straße der Jugend 12, DDR 7543 Lübbenau

CIP-Kurztitelaufnahme der Deutschen Bibliothek
Richter, Erwin:
So lernen Kinder sprechen: normale und gestörte Sprachentwicklung / Erwin Richter. – München; Basel: E. Reinhardt, 1984. (Kinder sind Kinder; Bd. 9)
NE: GT

ISSN 0720-8707
ISBN 3-497-01060-X

Satz: Fertigsatz, München
Druck: Pressedruck, Augsburg
Aufbindung: Klotz, Augsburg
Printed in Germany

Inhalt

Seite

Teil I: Die normale Sprachentwicklung

1. Vorwort, an die Eltern gerichtet

Mit vorliegendem Buch wird Eltern und Erziehern eine Schilderung der Sprachentwicklung des Kindes gegeben und auf mögliche Verzögerungen oder Auffälligkeiten innerhalb dieser Entwicklung aufmerksam gemacht.
Zunächst werden die Vorbedingungen für den Erwerb von Sprache und Sprechen benannt. Dann werden Anhaltspunkte und Daten für die normale Sprachentwicklung gegeben. Aus diesen Angaben können die Eltern leicht Vergleiche zur Sprachentwicklung ihres Kindes ziehen. Anschließend werden Anregungen und Hilfen geboten, wie das Sprechenlernen systematisch aufgebaut und gefördert werden kann. Die Sprachentwicklung muß nicht immer normal verlaufen; sogar in sehr vielen Fällen treten Abweichungen ein.
Der zweite Teil beschäftigt sich mit den Auffälligkeiten der gestörten Sprachentwicklung. Es werden Möglichkeiten aufgezeigt und Anleitungen gegeben, wie der Entwicklungsrückstand aufgeholt werden kann und die Begleitsymptome zu unterbinden sind.
Das Elternhaus hat für die Sprachentwicklung des Kindes eine große Verantwortung. Das setzt jedoch voraus, daß die Eltern ihre Erziehungspflichten ernst nehmen und damit zum Wegbereiter der Sprache ihres Kindes werden. Sie haben es gleichsam in der Hand – unbewußt oder auch bewußt –, ob die Sprachentwicklung ihres Kindes normal verläuft, ob sie verzögert ist oder ob das Kind sprachgestört wird.
Weitaus die meisten Eltern werden die Sprachentwicklung ihres Kindes überwachen und zu fördern versuchen. Insbesondere wird die Mutter im täglichen Umgang mit ihm, lernend und lehrend ihre Sprache an das Kind weitergeben.
Oft jedoch erkennen gerade die Personen der nächsten Umgebung des Kindes nicht, wenn sich eine Störung in der Entwicklung von Sprache und Sprechen abzuzeichnen beginnt. Viele Eltern sind hilf-

los und fühlen sich überfordert, wenn sie schließlich bemerken, daß ihr Kind nicht altersgemäß spricht. Hier soll das vorliegende Buch aufklären und helfen. Allen Eltern wird empfohlen, von Anfang an die Sprachentwicklung ihres Kindes zu verfolgen, um gegebenenfalls rechtzeitig eingreifen zu können.
Es gibt aber auch Eltern, die die alarmierende Tatsache übersehen, daß ihr Kind einen erheblichen sprachlichen Rückstand hat und sich selbst mit der Beschwichtigung trösten: »Bis zum Schuleintritt wird unser Kind schon noch richtig sprechen lernen!« – Von Verantwortungslosigkeit darf dann gesprochen werden, wenn Eltern Sprachhemmungen oder Sprechstörungen ihres Kindes jahrelang unbeachtet lassen. Läßt man den Fehler weiterbestehen, so kann er später, zum Beispiel in der Zeit der Berufswahl, meist nur noch schwer beseitigt werden. Das Stottern kann tatsächlich mit dem Vorschulkind groß werden und zu voller Schwere auswachsen, wenn nicht rechtzeitig wirksame Gegenmaßnahmen eingeleitet werden. Die Eltern ahnen oft nicht, daß damit die Kinderjahre vergiftet und das Lebensglück bis ins hohe Erwachsenenalter zerstört werden kann. Sie sehen nur die objektive Sprachbehinderung und wissen nicht, daß sich dahinter oft eine zweite Störungsfront aufbaut. Durch eine unvollkommene oder gestörte Sprache können im frühen Kindesalter abnorme soziale Verhaltensweisen und Erziehungsschwierigkeiten entstehen. Die Einfachbehinderung einer verzögerten Sprachentwicklung ist dann zu einer Mehrfachbehinderung geworden. Die sprachliche Auffälligkeit bleibt zwar das Hauptsymptom, aber es muß nun nicht mehr als das schwerere angesehen werden. Der sekundäre Folgekreis kann viel gewichtiger sein und vor allem nachhaltigere Fehlerscheinungen haben. Wir appellieren deshalb an die Eltern, die Sprachauffälligkeit ihres Kindes ernst zu nehmen.

Die entscheidende Zeit der Sprachentwicklung sind die ersten vier Lebensjahre des Kindes. In dieser Zeitspanne entstehen aber auch, allerdings unter gewissen Voraussetzungen, die Ursachen für eine verzögerte Sprachentwicklung mit ihren Begleitsymptomen. Zeichnet sich eine Entwicklungsstörung ab, oder ist gar schon eine Sprachstörung zum Durchbruch gekommen, so ist die Kenntnis von Gegenmaßnahmen die erste Voraussetzung für wirksame Hilfe. Darüber hinaus sollten sich die Eltern aber nicht scheuen, rechtzeitig einen Therapeuten aufzusuchen. Anschriften erteilt das Gesundheitsamt.

Gerade in der Beseitigung von Sprachauffälligkeiten sind Früherkennung und Frühbehandlung von außerordentlicher Wichtigkeit.
Als Sprachtherapeut hatte ich jahrelang mit sprachauffälligen Vorschulkindern zu tun. Ich kenne die Nöte dieser Kinder, ich kenne aber auch die Sorgen der Eltern um ihr sprachgestörtes Kind. Es war mir stets ein Bedürfnis, Kindern und Eltern zu helfen, und es ist mir jetzt ein Bedürfnis, mit dieser Schrift einem großen Kreis von Eltern und Erziehern das nötige Wissen zu vermitteln, um Sprachauffälligkeiten und Abweichungen der Sprachentwicklung rechtzeitig zu erkennen und dagegen anzugehen.
Berufe, in denen sich Menschen mit sprachgestörten Kindern beschäftigen, haben mehrere Bezeichnungen:

- Sprachtherapeut
- Sprachheilpädagoge
- Sprachheillehrer
- Logopäde
- Psychologe
- Phoniater
- Hals-, Nasen- und Ohrenarzt

Um keinen von ihnen in seiner Berufsehre zu kränken, möchte ich sie in diesem Buch alle unter einem Begriff vereinigen: »Therapeut«.
Dem Ernst Reinhardt Verlag sei Dank dafür, daß er auch dieses Manuskript zum Druck übernommen hat. In der gleichen Reihe »Kinder sind Kinder« ist von mir erschienen: »Wenn ein Kind anfängt zu stottern«. Dieser Titel kann als Ergänzung des vorliegenden Buches angesehen werden. Abschließend möchte ich den Müttern die Worte Pestalozzis zusprechen:

»Die Natur ruft dich, dein Kind mit eigener Hand zu besorgen. Wirf es nicht weg, gib es in keines Menschen Hand; kein Mensch ist ihm, was du ihm bist, und es ist dir, was dir kein Mensch ist. Gib es in keines Menschen Hand – sein Herz erwache für keines anderen Menschen Herz, es erwache für dich. ... Du hast keinen höheren Menschengenuß als den Genuß der ersten Spuren der keimenden Liebe, des keimenden Dankes und des keimenden Vertrauens. Das Mittel, zu diesem höchsten Lebensgenuß zu gelangen, ist deine erste Pflicht. – Besorge dein Kind! Ich zitterte und schämte mich vor der Menschennatur, wenn ich dir sagen würde: Liebe dein Kind!“

2. Wissenswertes zur Sprache und zum Sprechen

Die Bedeutung der Sprache

Die Sprache ist das Verständigungsmittel der Menschen. Sie bildet die Brücke in den zwischenmenschlichen Beziehungen und ist das wichtigste Medium, um mit anderen Personen in Kontakt zu kommen, Gedanken und Gefühle auszudrücken, Wünsche und Begehren kundzutun, Erlebnisse zu verarbeiten und Erfahrungen auszutauschen. Die Sprache ist das Medium, um uns verständlich mitzuteilen, aber auch um andere Menschen zu verstehen. Es bedarf wohl keines Hinweises darauf, daß gerade in unserer Zeit die Pflege der Sprache von hervorragender sozialer Bedeutung für das spätere Leben des Kindes ist.

Der starke Einfluß, den die Sprache auf die Gesamtentwicklung der Persönlichkeit nimmt, steht außer Frage. Sie ist das primäre Bildungsgut des Menschen. Wir bewundern einen Menschen, dessen Sprache klar und ausdrucksvoll ist, und der seine Worte gut zu setzen vermag. Ist seine Sprache auch noch melodisch, so hört man ihm gern zu. Im Berufsleben und für jede gesteigerte Form des Daseins werden Klarheit und Reinheit der Lautgebung und eine fließende, gewandte Rede immer von allergrößter Bedeutung sein.

Menschen mit mangelhafter Sprache wirken dagegen unvollkommen, oft sogar lächerlich, mögen sie noch so tüchtig sein. Jede Beeinträchtigung der Sprachfähigkeit ist eine Behinderung für den Betroffenen und läßt ihn nicht zur Entfaltung aller seiner Fähigkeiten kommen. Junge Menschen, die an einer Sprachstörung leiden, haben im gesellschaftlichen Leben, im Beruf oder bei der Partnerwahl oft Schwierigkeiten. Eine Reihe von Berufen wird ihnen überhaupt verschlossen bleiben. Das stammelnde und erst recht das stotternde Kind kann infolge seines Fehlers in der Schule und somit in seinem Bildungsgang zurückbleiben.

Das Sprachverständnis

Erläutern wir, wie es zum Sprachverständnis kommt. Die Mutter bemüht sich, ihrem Kind die Sinnbedeutung eines Gegenstandes bei-

zubringen. Es muß also eine Verbindung zwischen dem zu sehenden Gegenstand und dem zu hörenden Klangbild, z. B. »Ball«, hergestellt werden. Man schätzt, daß ein Wort etwa 40 mal gehört werden muß, ehe es in den Sprachbesitz des Kindes eingegangen ist. Das begriffene Wort »Ball« wird im Gehirn gespeichert bzw. – mit einem technischen Ausdruck gesagt – »codiert«. Wird nun das Wort »Ball« gesprochen und das Klangbild vom Kind wiedererkannt, so wird obige Verbindung hergestellt, und in der Vorstellung erscheint das Bild des Balles. Das gesprochene Wort hat die gleiche Reaktion ausgelöst wie der unmittelbare Anblick des Balles. Allmählich tritt in das noch dunkle Bewußtsein des Kindes die Erkenntnis, daß all die Dinge um uns Namen tragen und diese Benennungen durch bestimmte Lautfolgen bzw. Klanggebilde auszudrücken sind. Das einmal Begriffene wird vom Gedächtnis festgehalten und kann je nach Bedarf wieder abgerufen werden.
Sprache besteht darin, daß wir Dinge mit Wörtern und Handlungen mit Wortketten benennen. Das Wort ist in mündlicher oder schriftlicher Form ein Bedeutungsträger. Das gesprochene Wort hat ein charakteristisches unterscheidbares Klangbild; oder – wissenschaftlich gesagt –, es stellt ein akustisches Symbol dar. Hat das Kleinkind begriffen, daß Wörter und Sätze ganz bestimmte Dinge, Zustände oder Handlungen symbolisieren, so hat es ein erstes Sprachverständnis erlangt. Dieses Sprachverständnis setzt jedoch ein Vorstellungsvermögen voraus. Unter Vorstellung wird ein geistiges Bild verstanden, das aus dem Gedächtnis vor unserem inneren, dem »geistigen Auge« erscheint. Die anfangs primitive kindliche Sprache vervollkommnet sich in Form und Inhalt ständig, nicht nur in der Vorschulzeit, sondern in weit höherem Maße während des Schulbesuchs. Die Sprache wird zu einem vollkommenen Instrument des Denkens.

Die geistige Entwicklung

Mit der Sprache entwickelt sich gleichzeitig das Denken und, als Speicher der Gedanken, das Gedächtnis. Sprache und Denken bilden eine Einheit: Ohne Denkprozeß gibt es keine Sprache, und wiederum ist das Denken an Sprache gebunden. Sprache und Denken stehen in einer Wechselwirkung: Das Sprechenwollen regt die Denktätigkeit an, und die sprachliche Verwirklichung des Gedankens fördert die Sprechtätigkeit. Für die geistige Entwicklung des Kindes ist

die Sprachentwicklung von ausschlaggebender Bedeutung: Beides steht in Beziehung zueinander.
Liegt ein großer Entwicklungsrückstand im Sprechen vor, so ist meist auch ein geistiger Rückstand zu verzeichnen. Es muß dies aber nicht der Fall sein: Wir finden geistig gut entwickelte Kinder mit Sprachschwierigkeiten, und es gibt geistig zurückgebliebene, die übermäßig geschwätzig sind und altklug sprechen. Von diesen Ausnahmen abgesehen dürfen wir aber sagen: Ein Abbild der Sprachentwicklung ist die geistige Entwicklung – und umgekehrt. Die geistige Entwicklung ist jedoch immer auch von der Ausreifung des Zentralnervensystems abhängig und dies ist wiederum an die allgemeine körperliche Entwicklung gebunden. Ohne Gedächtnis ist kein Festhalten der Sprache möglich. Das wird besonders im Alter deutlich, wenn die Nerventätigkeit nachläßt. Es besteht somit eine Verbindung bei der Entwicklung von Gehirn, Geist, Gedächtnis und Sprache. Daher ist es wichtig, auch die körperliche Entwicklung des Kindes zu beachten. Die Beziehung zwischen Körperentwicklung und Sprache ist im frühen Kindesalter zu beobachten: Wird das Kind krank, so nimmt sein Rededrang deutlich ab; bei schweren oder längeren Krankheiten kann gelernte Sprache sogar teilweise wieder verlorengehen.

Unterscheidung von Sprache und Sprechen

Auch Sprache und Sprechen bilden eine Einheit, die eigentlich nicht zu trennen ist, aber mit verschiedenen Begriffen bezeichnet wird. Unter Sprache verstehen wir ein System von Wörtern und grammatischen Regeln, dem eine geistige Leistung zugrunde liegt. Sprechen ist die ausführende Tätigkeit unter Inanspruchnahme eines Muskelsystems. Wir können Sprache und Sprechen mit Planen und Ausführen vergleichen. Sprachfähigkeit und Sprechfähigkeit benennen zwei verschiedene Funktionen und sind demgemäß auch an zwei Lernprozesse gebunden: Erstens an die geistige Fähigkeit, die richtigen Worte so schnell in den Denkprozeß einfließen zu lassen, wie sie für eine Mitteilung gebraucht werden; zweitens an das überaus schnelle und komplizierte Muskelzusammenspiel, das erforderlich ist, um aus produzierten Silben und Wortfolgen das Sprechen entstehen zu lassen. Sprechen ist also das Lautmachen der in Sprache geformten Gedanken. Eine genaue Begriffsbestimmung von Sprache und Sprechen ist kaum möglich: Wir sagen Sprachförderung und Sprachfertigkeit und meinen dabei gleichzeitig die Förderung und Fertigkeit des Sprechens. Andererseits denken wir bei Sprecherziehung immer auch an Spracherziehung. Wenn wir also im folgenden von Sprachentwicklung reden, so bezieht sich das stets auch auf die Entwicklung des Sprechens.

Lernen von Sprache und Sprechen

Die Sprache ist dem Kind nicht angeboren, nur die Anlagen dafür sind ihm mitgegeben worden. Jedes Kind muß in einem mühsamen Lernprozeß Sprache und Sprechen erwerben. Das primäre Sprechenlernen spielt sich immer innerhalb zwischenmenschlicher Beziehungen ab. Ohne Umwelt würde ein Kind nie seine Muttersprache erlernen. Alles was es erlernen soll muß ihm vermittelt werden. Es bedarf unseres Zutuns und unserer Lenkung, damit in den ersten Lebensjahren des Kindes dieses komplizierte Gebilde Sprache aus einem geistig-organischen Zusammenspiel entsteht. Kein anderer Lernvorgang in der Vorschulzeit erfordert solch gegenseitige Beziehungen und Verständigungen zwischen Erziehern und Kind, wie der Erwerb von Sprache und Sprechen. Da diese Entwicklung von vielen Voraussetzungen abhängig ist und Sprache ein sehr komplexes und durch zahlreiche Faktoren mitbestimmtes Geschehen darstellt, ist die Störanfälligkeit enorm hoch.

Der Sprechvorgang

Beim Sprechen wirken drei Vorgänge zusammen: Ausatmung, Stimmgebung (Phonation) und Lautbildung (Artikulation). Die Ausatemluft wird im Kehlkopf in den Grundton – in die Stimme – umgesetzt, und die Stimme wird im Mundraum unter Zusatz von Atem zum Laut geformt. Diese Lautformung ist gar nicht so einfach: Stimmbänder, Gaumensegel, Zunge, Lippen und Kiefer müssen eine ganz bestimmte Stellung einnehmen, um einen Laut hervorzubringen; und dieses so fein abgestimmte Zusammenwirken der Muskeln muß ungemein schnell erfolgen. Daher hat das sprechenlernende Kind mit der korrekten Lautbildung große Schwierigkeiten. Ein langer und mühsamer Lernvorgang ist erforderlich, bis aus Lauten durch ständiges Wiederholen die mühelose, völlig mechanische und unbewußte Artikulation entstehen kann.

Die Bedeutung der Stimme

Mit der Stimme hält der Mensch von seiner Geburt bis zum Tod den Kontakt zur Umwelt. Wir dürfen sagen, daß die Stimme der eigentliche Kontaktträger von Mensch zu Mensch ist. Ohne Stimme kann nicht hörbar gesprochen, allenfalls geflüstert werden: Sprechen ist immer an Stimmgebung gebunden. Tritt bei der Atmung oder bei der Stimmgebung eine Hemmung bzw. Störung ein, so ist die Folge zwangsläufig eine Störung im Sprechablauf. Eine Sprachstörung entsteht, wozu auch das Stottern gehört.

Mit dem ersten Schrei nimmt der Mensch den ersten Kontakt zu seiner Umwelt auf. Schreien ist eine stimmliche Äußerung und bleibt für die ersten Lebensmonate die einzige Möglichkeit für das Kind, um mit der Mutter in Kontakt zu kommen. Der Säugling schreit, wenn er hungrig ist, wenn er naß ist oder Schmerzen hat. Man nennt diese Art des Schreiens Unlustschreien. Diesem steht das Lustschreien gegenüber. Ist der Säugling satt, erlebt er zärtliche und liebevolle Zuwendung, so wandelt sich das Schreien, es nimmt einen sanfteren Charakter an und wird gleichsam lustvoll. Beim Unlustschreien ist der Stimmeinsatz hart oder gepreßt, bei Zufriedenheit weich. Schon nach einigen Wochen kann eine aufmerksame Mutter an der Art des Schreiens bzw. der Modulation der Stimme unterscheiden, ob der Säugling zufrieden ist, ob ihn etwas bedrängt oder ob er etwas möchte.

Es wurde bereits erwähnt, daß unsere Stimme modulationsfähig ist. Beim Sprechvorgang verläuft die Stimmführung in einer Betonungskurve, der Sprechmelodie. Erinnern wir uns daran, daß die psychische Situation eines Menschen nicht nur durch die Wahl seiner Worte, sondern auch durch deren Betonung, durch Lautstärke und Rhythmus des Sprechens erfaßt wird. Verlangen oder Weigerung, Freude oder Schmerz, Gefallen oder Ablehnung werden durch die Modulation der Stimme kundgegeben. Es ist mitunter nur die Melodie eines Wortes oder die Betonung einer Silbe, die zum rechten Verstehen führen. Die Stimme spielt dabei immer die entscheidende Rolle, sie ist die Übermittlerin der Gefühle.

Die Bedeutung des motorischen Bewegungsvollzugs

Die Bildung der Laute und ihre Gliederung (Artikulation) zu Silben und Worten ist an einen motorischen Bewegungsvollzug gebunden. Unter Motorik verstehen wir alle willkürlichen Bewegungsvorgänge, welche die Stellung und den Spannungszustand des Bewegungsapparates und damit das Muskelsystem verändern. Die Fähigkeit zum Erlernen des Sprechens ist somit auch ganz von der Entwicklung des motorischen Systems abhängig. Im Normalfall geht die Ausbildung der gesamten Körpermuskulatur gleichmäßig vor sich, die Muskelgeschicklichkeit ist auf die verschiedenen Muskelgruppen in gleicher Weise verteilt. Jede Störung in der Entwicklung des motorischen Systems ist auch für das Sprechenlernen ein Alarmzeichen. Spastische Kinder zeigen in ausgeprägten Fällen neben den allgemeinen Bewegungsstörungen stets eine Sprachverzögerung mit meist schweren Artikulationsstörungen.

In den ersten drei Lebensjahren des Kindes sollten die Eltern der körperlichen Entwicklung und der damit verbundenen Bewegungsfähigkeit größte Aufmerksamkeit widmen. Wir unterscheiden grobmotorische und feinmotorische Bewegungsabläufe. Zur Grobmotorik gehören z. B. das Laufen und alle Handreichungen. Hat ein Kind spät laufen gelernt, so ist anzunehmen, daß ein Rückstand in der Grobmotorik vorlag. Die Feinmotorik zeigt sich in den behutsam dosierten und fein abgestimmten Bewegungen vor allem der Finger und der Hände. Das Sprechen erfordert in besonderem Maße eine gut entwickelte Feinmotorik und einen ganz spezifischen Muskelsinn. Seine Entwicklung ist ebenso wichtig wie die der übrigen Sinne. Wir denken hier in erster Linie an den Tastsinn der Zunge sowie an die Beweglichkeit der Lippen. Die Muskelgeschicklichkeit dieser Sprechorgane bildet sich durch Anwendung und Übung in der Zeit der Lallperioden, in denen der Säugling die verschiedensten Laute formt und mit ihnen spielt.

Im muskulären Bewegungsvollzug können Kinder die merkwürdigsten Unterschiede zeigen. Bei dem einen Kind scheint die Zierlichkeit der Bewegungen angeboren zu sein, ein anderes ist ungeschickt und lernt nur sehr langsam seine Muskeln in geordneter Weise zu gebrauchen. Wie sich dies bei allen Bewegungen, so z. B. beim Greifen und Gehenlernen zeigt, so können wir es auch beim Sprechenlernen beobachten. Durch die Kompliziertheit und die ungemein

schnelle Bewegungsfolge bei der Lautbildung kann ein Abweichen von der Norm leicht zu Verzögerungen oder gar Störungen in der Sprachentwicklung führen.
Wir stellen heraus: Es besteht ein enges Verhältnis zwischen dem allgemeinen motorischen Bewegungssystem und der Geschicklichkeit der Mund- und Zungenmuskulatur im besonderen.

3. Vorbedingungen für eine normale Sprachentwicklung

Für die Entwicklung der Sprache und das Erlernen des Sprechens sind einige Vorbedingungen erforderlich: Es sind einerseits angeborene Anlagen und Fähigkeiten und andererseits Einflüsse aus der Umwelt des Kindes, die im Zusammenwirken den geschilderten komplizierten Lernprozeß ermöglichen. In der Reihenfolge ihrer Wichtigkeit sind dies:

- das Gehör
- der Sprechtrieb und die Sprechlust
- das sprachliche Vorbild
- der Nachahmungstrieb
- die Umweltbedingungen.

Die Wichtigkeit des Gehörs

Das Gehör wird als wichtigste Vorbedingung für die Sprachentwicklung angesehen. Ohne Gehör ist keine Nachahmung des Sprechens möglich. Das gehörlose Kind bleibt zunächst ein sprachloses Kind, bis es später in einer Sonderschule dennoch Sprache und Sprechen erlernt.
Bereits in den ersten Monaten läßt sich beobachten, ob das Kind richtig hört. Hinwenden des Kopfes oder der Augen in die Richtung der Schallquelle ist eine sehr frühe Reaktion. Das Klingeln des Telefons oder das Einschalten des Radios lassen das Kind aufhorchen. Reagiert es nicht auf diese Geräusche, zeigt es keine lauschende

Hinwendung auf die Stimme der Mutter, so besteht der Verdacht auf eine Hörstörung. In diesem Fall muß unverzüglich ein Ohrenarzt aufgesucht werden. Meist handelt es sich um einen mehr oder minder starken Hörverlust, der angeboren, aber auch nach einer Erkrankung erworben sein kann. Wird eine Schwerhörigkeit nicht bald erkannt, sind verhängnisvolle Folgen möglich. Es kommt zu verspäteter Sprachentwicklung mit einer langen Zeit des Stammelns. Das Ohr kann auch die Differenzierungsfähigkeit für ähnlich klingende Sprachlaute verloren haben. Zum Beispiel könnte die Unterscheidung zwischen den Wörtern »Topf« und »Kopf« oder »Nadel« und »Nagel« schwerfallen. Aufgrund dieser Unterscheidungsschwäche bei der Lautbildung kann das Kind bis ins Schulalter hinein beim Stammeln bleiben. Für diese hörgeschädigten und zugleich sprachbehinderten Kinder ist es tragisch, wenn der sprachliche Rückstand nicht auf das Gehör, sondern auf einen geistigen Entwicklungsrückstand bezogen wird und sie dadurch falsch eingeschult werden.
Dazu möchte ich einen Fall aus meiner Praxis bringen. Eine Mutter vom Land brachte mir ihren zehnjährigen Sohn, der noch arg stammelte. Er mußte viel Spott seiner Mitschüler über sich ergehen lassen, – und das war der eigentliche Grund, weshalb die Mutter mich aufsuchte. Mein erster Verdacht war eine Hörstörung. Die Mutter verneinte, sie wäre schon beim Ohrenarzt gewesen. Als wir in der Behandlung nur schlecht vorankamen und mir Uwe stets sehr genau beim Sprechen auf den Mund schaute, erneuerte sich mein Verdacht und ich forderte die Mutter auf, nochmals den Ohrenarzt zu konsultieren. Er konnte angeblich wiederum nichts finden, überprüfte allerdings ohne Apparatur. Wir traten weiterhin auf der Stelle. Daraufhin überwies ich den Jungen ins Bezirkskrankenhaus. Es wurde eine Störung festgestellt, die eine Operation erforderlich machte und in den Sommerferien durchgeführt wurde. Folgendes Bild steht mir heute noch lebhaft vor Augen: Als wir nach den Ferien die Behandlung wieder aufnahmen, rief Uwe schon beim Eintritt ins Zimmer: »Ja, jetzt kann ich richtig hören!« Die korrekte Lautbildung schritt jetzt sehr schnell voran.

Sprechtrieb und Sprechlust

Angeborene Eigenschaften für das Sprechenlernen sind der Sprechtrieb und die Sprechlust. Ich möchte sie zunächst am erwachsenen

Menschen verständlich machen. Bekanntlich ist bei Frauen der Sprechtrieb und die Sprechlust größer als bei Männern. Unter den Männern gibt es wortkarge Naturen, die nur das Notwendige mit wenigen Worten sagen. Im allgemeinen aber ist das Mitteilungsbedürfnis des Menschen eine starke Antriebskraft zum Sprechen. Zu erwähnen sei auch, daß Sprechtrieb und Sprechlust sehr vom Gemütsleben und der jeweiligen Stimmungslage abhängig sind. Bei Trauer oder in depressiver Stimmung fällt das Sprechen schwer, und die Worte fließen nur spärlich. Dagegen wird bei Heiterkeit oder Hochstimmung nach Alkoholgenuß die Sprechlust stärker. Der Mitteilungsdrang ist groß, und mitunter wird mehr erzählt als gut ist. Auch der stark stotternde Jugendliche hat dieses Sprechbedürfnis. Obwohl er weiß, daß er nicht flüssig sprechen kann und steckenbleiben wird, schaltet er sich in ein Gespräch ein; er will mitmachen, will sich mit seinem Wissen zur Geltung bringen.
Der Sprechtrieb und die Sprechlust haben auf die Sprachentwicklung des Kindes einen erheblichen Einfluß. Sind diese treibenden Kräfte unentwickelt geblieben oder unterdrückt worden, so kann es zur verlangsamten Sprachentwicklung kommen. Im Volksmund hat man folgerichtig den Begriff der »sprechfaulen« Kinder geprägt. Im Normalfall ist der Sprecheifer der Kinder in einem bestimmten Alter ungemein groß. Der kleine Mund steht kaum still, lustig und kunterbunt sprudeln die Worte hervor. Ist anzunehmen, daß eine Sprechfaulheit vorliegt, so sollte die Sprechlust angeregt und gefördert werden, damit der Anschluß an die normale Sprachentwicklung wiedergewonnen wird. Förderungsmöglichkeiten werden in einem nachfolgenden Kapitel aufgezeigt.

Das sprachliche Vorbild

Die Sprachentwicklung ist ein Prozeß des Lernens durch Nachahmung. Sprache kann sich nur unter dem Einfluß der Umwelt bilden: Das Kind lernt nur sprechen, wenn wir mit ihm sprechen. Der Weg in die menschliche Sprachgemeinschaft muß dem Kleinkind durch ständige Anregungen gebahnt werden. Wir wissen, daß Kinder so sprechen lernen, wie ihre nächste Umgebung spricht. Daher ist es von Wichtigkeit, daß das Kind ein gutes sprachliches Vorbild hat. Je besser das Vorbild ist, desto erfreulicher wird die Nachahmung sein. Wir können von einem Kind keine saubere Aussprache erwarten,

wenn die Menschen seiner Umgebung zu schnell und nachlässig mit ihm sprechen. Das Beispiel bleibt immer der überzeugendste Lehrmeister.
Wir haben zu fragen, welches die zwei wichtigsten Merkmale für ein gutes sprachliches Vorbild sind. Als erstes ist die genaue Aussprache der einzelnen Laute und Wörter zu nennen. Je schärfer die Lautbildung aus dem Zusammenhang des Gesprochenen hervortritt, je weniger also die Artikulation verwischt ist, desto klarer und deutlicher wirkt das sprachliche Vorbild. Zum nächsten ist dem Kind langsam vorzusprechen, und es sollte mit ihm auch stets langsam gesprochen werden. Schon unser geübtes Ohr hat es schwer, bei zu schnellem Sprechen die einzelnen Sprechlaute zu unterscheiden. Wieviel schwieriger ist es für das Kleinkind, dessen Ohr noch völlig ungeübt ist. Je deutlicher also die Sprechlaute dem Kind vorgesprochen werden, desto früher wird die Nachahmung dem Vorbild gleich.
Die nächste Bezugsperson des Kindes und damit auch das wichtigste Vorbild ist in der Regel die Mutter. Wohl nicht umsonst spricht man von »Mutterlaut« und »Muttersprache«. Auf die Sprache der Mutter hört das Kind zuerst, und wenn es bis zum Eintritt in den Kindergarten in der Familie aufwächst, hört es die Sprache der Mutter am häufigsten. Sie gibt dem Kind verbessernde Rückmeldungen und lehrt es, Sprachformen anzuwenden. Das Erlernen der Sprache wird somit von der Mutter-Kind-Beziehung beeinflußt und es ist besonders wichtig, daß die Mutter ein gutes sprachliches Vorbild gibt.

Es sei auf einen Fehler aufmerksam gemacht, der unbedingt vermieden werden muß: Das Kind bemüht sich, das Sprechen der Erwachsenen nachzuahmen und die Silben so getreu wie möglich zu formen. Natürlich gelingt dies nur allmählich und nach längerer Übung. So kommt es bei den ersten Versuchen zu recht verstümmelten Formulierungen. Diese können aber aus dem Mund des Kindes recht niedlich klingen und der Erzieher kommt in Versuchung, diese Kindersprache nun selbst nachzuahmen und sie gar im Gespräch mit dem Kind zu verwenden. Man ging wohl früher davon aus, daß dem Kind die sogenannte »Ammensprache« verständlicher sei als die deutlichen und klaren Worte des Erziehers. Es ist sehr falsch und schädlich, sich in dieser Sprechweise an das Kind zu wenden. Wie soll es seine Sprache ausbilden, wenn es kein gutes Vorbild hat?

Nachahmung

Der Nachahmungstrieb ist uns angeboren und hält sich immer an ein Vorbild. Die Kraft der Nachahmung ist groß: Das Kind spricht genau den gleichen Dialekt, den die Eltern sprechen. Selbst wenn die Familie den Wohnort wechselt, sprechen die Kinder noch deutlich den Dialekt der Gegend, in der sie geboren wurden. Es ist verständlich, daß bei so starkem Nachahmungstrieb des Kindes das sprachliche Vorbild der Familie bzw. der Erzieher außerordentlich bedeutsam ist. Zunächst zur positiven Nachahmung. Es ist immer wieder zu beobachten, daß die Mutter mit ihrem Kind meist anders als mit Erwachsenen oder älteren Kindern spricht. Sie tut es rein instinktiv, wohl aus der liebevollen Mutter-Kind-Bindung heraus. Die Mutter bedient sich einer langsamen und melodischen Sprache. Die Kindersprache etwa des 3. und 4. Lebensjahres wird geprägt von einer ausdrucksvollen Sprechmelodie mit verschiedenen Betonungsschattierungen. Ein reiches Stimmvolumen und langgezogene Vokale lassen sie so schön und ohrgefällig klingen. Das sollte nicht so schnell verlorengehen. Jedoch gleicht sich das Kind im Lauf der Entwicklung der Sprache seiner weiteren Umwelt an, die ihm ein anderes Sprachvorbild gibt.

Die Sprache des Kindes ist das Spiegelbild der Sprache, in der mit ihm gesprochen wird, und leider kann das sprachliche Vorbild auch ein schlechtes sein. Dazu einige Beispiele:
Zu schnelles Sprechen vermindert die Deutlichkeit der einzelnen Laute und erschwert das genaue Hören. Wir dürfen sogar folgern, daß das Kind dem schnellen Sprechen nacheifern wird. Zu diesem Thema sei Gutzmann, ein bekannter Phoniater der dreißiger Jahre, zitiert:

»Das Kind möchte auch gern schnell sprechen, kann das aber aus Ungeschicklichkeit noch nicht und stolpert über seine Zunge. So entsteht oft genug Stottern. Das weibliche Geschlecht ist – wie bekannt – schon an sich durch eine oft bewunderswerte Zungengeschicklichkeit bevorzugt. Wenn ich also von einer Frau sage, sie spricht auffallend schnell, so hat die Sprachschnelligkeit schon etwas zu bedeuten. Ich blättere hier in meinen Notizen und finde so viele Notierungen von schnell sprechenden Müttern stotternder Kinder, daß es nicht nötig ist, eine einzelne Beobachtung herauszugreifen: es ist ein allgemeines Übel. Aus Rücksicht auf die Wohlfahrt ihrer Kinder sollten schnell sprechende Mütter sich doch ein wenig Zwang antun und langsamer zu sprechen versuchen.« (1931).

Einen Fall, in dem Lispeln durch Nachahmung weitergegeben wurde, schildert uns ebenfalls Gutzmann:

»In der Familie des wohlhabenden Kaufmanns R. in Berlin waren drei kleine Mädchen der Stolz und die Freude der Eltern. Die Eltern sprachen beide tadellos deutsch und gut artikuliert. Das älteste Kind hatte zur Beaufsichtigung ein Kindermädchen, das mit einem häßlichen Sprachfehler behaftet war, es sprach nämlich das ›ß‹ aus dem rechten Mundwinkel ungefähr wie ›sch‹ (lateraler Sigmatismus). Das älteste Mädchen nahm den Fehler in kürzester Zeit an. Die erschreckten Eltern entfernten das Kindermädchen, allein der lästige Sprachfehler war einmal da und ging nicht von selbst fort. Damit war aber das Unheil nicht erschöpft. Das inzwischen heranwachsende zweite Kind ahmte der älteren Schwester den Aussprachefehler nach, und auch das nachher geborene dritte Mädchen sprach das ›ß‹ gleich von vornherein, als es die ersten Sprechversuche machte, aus dem rechten Mundwinkel. Alle drei Kinder zeigten eine auffallende Übereinstimmung in der Form des Sprachfehlers . . . wie bei dem Kindermädchen, welches das ganze Unglück verschuldet hatte.« (1931).

Es muß leider gesagt werden, daß nicht nur Aussprachefehler, sondern auch Sprachstörungen nachgeahmt werden können. Mir sind mehrere Fälle bekannt, wo der kleine Sohn das Stottern des Vaters übernommen hat. Daher muß der Therapeut bei der Vorstellung eines sprachgestörten Kindes immer eventuelle Sprachauffälligkeiten innerhalb der Familie mit in Betracht ziehen. Außerhalb der Familie sind die Nachahmungsfälle weniger häufig. Von Müttern der Kinder habe ich oft gehört, ihr Kind habe das Stottern von einem Spielgefährten übernommen, habe ihn nachgeahmt. So einfach ist das Problem des Stotterns aber nun doch nicht. Es müssen mehrere Faktoren zusammentreffen, um ein Kind zum Stottern zu bringen. Bei der Weitergabe des Stotterns auf das Kind ist meist auch ein Erbfaktor beteiligt (Richter 1981).

Die Umweltbedingungen

Für die Entwicklung der Sprache ist die Umwelt von großer Bedeutung. Ein harmonisches Familienleben ist eine der Voraussetzungen für die gute Sprachentwicklung des Kindes. Das Kind braucht das

Gefühl der Geborgenheit und Liebe und guten Kontakt zu den Eltern. Gespräche sollen in Gegenwart des Kindes stets grammatisch richtig und klar verständlich geführt werden, Schimpfworte und Zweideutigkeiten sind unbedingt zu vermeiden. Man spricht zu Recht von einer »guten Kinderstube«. Wir sollten überhaupt in unseren Beziehungen zum Kind niemals gedankenlos handeln und wissen, daß jede unserer Äußerungen das wache Ohr des Kindes findet. Und bekanntlich wird es gerade das, was es nicht hören sollte, aufnehmen und festhalten.
Das Erlernen einwandfreier Sprache ist also auch weitgehend vom Milieu abhängig. Sind dem Kleinkind günstige Lebensumstände versagt, so kann sich das schon frühzeitig als Störung in der Sprachentwicklung auswirken. Dabei handelt es sich weniger um eine Sprachstörung als vielmehr um eine umweltbedingte Lernbeeinträchtigung oder Verhaltensstörung. Es kommt vor, daß Kinder, die unter besonders unglücklichen Familienverhältnissen leben, das Sprechen völlig einstellen oder nur noch mit bestimmten Personen reden. Bei jeder Störung der Sprachentwicklung haben wir zu fragen, wie das betroffene Kind aufgewachsen ist und in welchem Milieu es jetzt lebt.

4. Die normale Sprachentwicklung

Der zeitliche Ablauf der Sprachentwicklung sollte den Eltern bekannt sein, damit sie die Sprachreifung ihres Kindes beurteilen können. Eine aufmerksame Mutter wird die Phasen der Sprachentwicklung aufmerksam beobachten und mit der anderer Kinder vergleichen wollen. Dazu sollte sie die Grenzwerte der normalen Sprachentwicklung kennen. Folgende Angaben sind nur ungefähre Werte; sie sollen eine Orientierungsgrundlage bieten. Die Stadien der Sprachentwicklung lassen sich nicht auf bestimmte Zeitpunkte festlegen, sondern können je nach Voraussetzung und äußeren Einflüssen erheblich schwanken. Man muß also von Fall zu Fall neu entscheiden, ob eine Abweichung vom Durchschnittswert als Entwicklungsverzögerung zu betrachten ist.

4.1. Das Säuglingsalter

Erstes Vierteljahr: Die Schreiperiode

Die einzige Möglichkeit, sich der Umwelt bemerkbar zu machen und ein Verlangen anzuzeigen, ist für den Säugling das Schreien. Ich erwähnte bereits das Unlustschreien, das sich schon im zweiten Monat deutlich unterscheiden läßt. Die Mutter oder die Pflegerin wird immer der Ursache des Schreiens nachgehen wollen. Ist weder Hunger noch Unbequemlichkeit der Grund, so lasse man den Säugling ruhig schreien. Er schreit auch, um zu schreien, es ist das sogenannte »Routine-Schreien«. Diese klangvolle Tätigkeit ist sogar zweckmäßig für den Säugling. Er macht tiefe Atemzüge, füllt die Lungen und schreit dann mit der Ausatmung ausgiebig und in einem langen Zug. Das Schreien ist eine ausgezeichnete Vorübung für das Sprechenlernen, nicht nur in bezug auf Atmung und Atmungsmuskulatur, sondern auch auf die Ausbildung der Stimme.
Kinder im ersten Lebensalter sollen also schreien, aber das Schreien muß in den Grenzen stimmlicher Belastbarkeit bleiben. Zu Heiserkeit darf es nicht kommen. Wenn man bei einem »Schreihals« feststellt, daß sich der ganze Körper beim Schreien in starker Anspannung befindet, muß das Kind besänftigt werden. Begütigendes Zureden wird es am ehesten wieder beruhigen. Vom dritten Monat an achtet der Säugling bereits auf den Stimmklang der Mutter, wenn sie zu ihm tritt und mit ihm spricht. Er lächelt die Mutter nun auch schon an.

Zweites Vierteljahr: Die 1. Lallperiode

In dieser Zeit wird die Beweglichkeit der Sprechorgane in spielerischer und absichtsloser Weise für das spätere Sprechenlernen trainiert. Den Antrieb dazu gibt eine motorische Funktionslust bzw. ein Bewegungsdrang, wie er zum Beispiel auch beim Strampeln wirksam wird. Das Lallen bereitet dem Säugling sichtbar Freude. Er führt längere Selbstgespräche, die wir Lallmonologe nennen. Zuerst hört man nur Vokale, sehr bald werden auch Konsonanten gebildet und Laute, die in unserer Sprache gar nicht vorkommen. Spielerisch erprobt das Kind die Bewegungsmöglichkeiten von Lippen, Zunge, Kiefer und Gaumen. Diese Lallperiode, das Spielen mit der Mundmuskulatur unter Mitwirkung der Stimme, ist ein sehr wichtiger Meilenstein auf dem Weg des Sprechenlernens.

Drittes Vierteljahr: Die 2. Lallperiode

Sie unterscheidet sich von der ersten dadurch, daß die Lallmonologe immer gezielter und melodischer werden und der Säugling die Lautbildungen aufgreift, die er von seiner Umgebung hört. Das Gehör hat sich weiterentwickelt. Das Kind kann die Stimmen der Erwachsenen unterscheiden, es hört auf seinen Rufnamen und es reagiert auf Singen und Musik. Die Entwicklung des Gehörs befähigt das Kind, sein eigenes Lallen bewußt zu erleben. Es lauscht gespannt auf seine eigenen Laute, freut sich daran und formt sie immer wieder neu. Über das Ohr erfolgt gleichzeitig die Kontrolle der hervorgebrachten Laute. So kommt der Säugling über die Selbstnachahmung seiner zunächst zufällig entstandenen Lautgebilde zu der sehr wichtigen Periode der Fremdnachahmung. Mit der weiteren Entwicklung des Gehörs und der Artikulationsgeschicklichkeit wird das Kind befähigt, auch Silben und Ausrufe der Erwachsenen nachzuahmen. Von jetzt an übernimmt das Ohr die leitende Rolle in der Sprachentwicklung: Das Kind beginnt, auf bekannte Worte zu hören. Das ist der Beginn des Sprachverständnisses.

Viertes Vierteljahr: Die Periode des Wortverständnisses

Das Kind tritt in die Periode des reflektorischen Wiederholens. Zunächst wiederholt es einzelne Silben aus Wörtern, die ihm die Mutter vorgesprochen hat, ohne allerdings ihren Sinn zu verstehen. Wir bezeichnen diese Wiederholungen als »Echolaute«. Etwa im 11. oder 12. Lebensmonat kann diese Silbe trotz ihrer Verstümmelung schon einen Sinn tragen. So bedeutet zum Beispiel »ham-ham« = ich möchte das haben, »bäh-bäh« = nicht gut, ist schmutzig.
Auch das Auge und der Tastsinn sind bei den ersten Sprechversuchen des Kindes miteinbezogen. Es achtet auf das Minenspiel des zu ihm Sprechenden, sieht auf den Mund des Sprechers und versucht, die Bewegungsabläufe des Mundes mit den Fingern zu ertasten. Das Kind versteht nun auch die Gebärdensprache seiner Erzieher, zum Beispiel das Kopfnicken für »ja-ja«, das Kopfschütteln für »nein-nein« und das Warnen mit dem Zeigefinger. Es wird auch selbst die

Gebärdensprache benutzen, um sich verständlich zu machen. Es befolgt einfache Aufforderungen seiner Erzieher, und es hat erfaßt, daß auch seinen lautlichen Wunschäußerungen nachgekommen wird. In dieser Periode der Nachahmung von Silben und Wörtern beginnt sich das Wortverständnis zu entwickeln. Das Kind nimmt Worte oder kurze Sätze zunächst global als komplexe Lautgebilde wahr. Für das ungefähre Erfassen des Sinns ist es von Wichtigkeit, mit welchem Klang die Worte oder Sätze gesprochen werden. Langsam erfaßt das Kind, daß es sich bei Wörtern um Klanggebilde handelt, die einen Sinn bzw. eine Bedeutung tragen. Die Periode des Wortverständnisses hat eingesetzt. Sie ist die erste Stufe für das nachfolgende Sprachverständnis.

In der Periode der »Echolaute« werden gewiß die Lallsilben »ma-ma« und »pa-pa« am häufigsten gebraucht, weil sie leicht zu bilden sind. Die Mutter spricht nun dem Kind immer wieder »Mama« und »Papa« vor, und zeigt auf sich oder auf den Vater. Gegen Ende des ersten Lebensjahres spricht das Kind sinnbezogen »Mama« und »Papa« als erste Wörter. Und es weiß, daß es sich mit diesen Klanggebilden an die Mutter oder an den Vater wenden kann. Der mitmenschliche Kontakt mittels Sprache ist geschlossen worden. Das Kind beginnt zu begreifen, daß es sich mit Lautformungen verständlich machen kann.

An einem Beispiel sei erklärt, wie es zum Wortverständnis kommt. Es wurde bereits gesagt, daß das Kind ein Wort als Symbol leichter erfaßt, wenn es den betreffenden Gegenstand sieht und nun beides miteinander verknüpfen kann. Man zeigt dem Kind einen Ball und sagt dazu: »Ball«. Oder: »Das ist ein Ball«, wobei das bedeutungstragende Wort »Ball« betont wird. Sodann: »Da hast du den Ball«, wobei man dem Kind den Ball in beide Hände gibt. Bei Jungen ist ein Auto beliebter. Wann immer das Wort »Ball« oder »Auto« gehört und zugleich dargeboten wird, verbindet sich in der Vorstellung des Kindes der Gegenstand mit dem akustischen Wortklang. Wir geben sozusagen dem Ding »Auto« eine klangliche Hülle. Je öfter man den Gegenstand und das Wort gleichzeitig anbietet, desto eher wird die Verbindung zwischen Wortklang und Gegenstand hergestellt und im Gedächtnis festgemacht. Ist das Klangbild des Wortes geprägt, so erscheint nach dem Hören des Wortes »Ball« oder »Auto« in der Vorstellung (aus dem Gedächtnis) das Bild des Balles oder Autos, ohne daß der Gegenstand selbst da ist.

4.2. Das Kleinkindalter: 2. und 3. Lebensjahr

1 bis 1½ Jahre: Erste Wörter im Einwortsatz

Das Kind lernt sehr früh zu verstehen, was die Eltern zu ihm sagen, ohne daß es selbst schon sprechen kann. Das Verständnis der zu ihm gesprochenen Worte eilt dem Vermögen, sie nachzusprechen, weit voraus. Durch Mienen und Gebärden zeigt das Kind deutlich an, daß es weiß, was zum Beispiel »Spazierengehen« bedeutet. Das ist der passive Wortschatz des Kindes. Als aktiven Wortschatz bezeichnen wir die Wörter, die vom Kind im sprachlichen Umgang gebraucht werden. In den ersten Monaten des zweiten Lebensjahres beginnt das Kind seinen aktiven Wortschatz aufzubauen. Es sind zumeist Wörter, die sehr stark an das Lallen erinnern und deshalb auch Lallwörter genannt werden. Sie werden zwar noch recht verstümmelt hervorgebracht, doch die nächsten Bezugspersonen verstehen den Sinngehalt.

Das charakteristische Merkmal dieser Entwicklungsphase ist der »Einwortsatz«. Das Kind kann seinen Gedankengang vorerst nur in ein einzelnes Wort legen. Dieses Wort nimmt die Aussagekraft eines ganzen Satzes ein. Zum Beispiel heißt »Atta« spazierengehen wollen. Man muß auch den unterschiedlichen Tonfall beachten, in dem das Kind in der Zeit der Einwortsätze spricht. Je nach Modulation der Stimme und begleitender Gebärde bringt es zum Ausdruck, daß zum Beispiel der Gegenstand ein Auto ist, oder daß es das Auto haben möchte, oder daß ihm das Auto lieb ist. Mit einem Wort wird alles ausgedrückt, was wir Erwachsenen mit einem langen Satz sagen. Die Eltern hören meist heraus, was das Kind im Augenblick bewegt oder was es möchte. Etwa ein halbes Jahr lang spricht das Kind in dieser Form.

Eine weitere Eigentümlichkeit dieser Entwicklungsphase ist, daß der einmal aufgenommene Begriff auch für alle ähnlichen Dinge benutzt wird. So wird z. B. das Wort »Auto« für alle anderen Fahrzeuge gebraucht, die vier Räder haben. Es wird damit auch der Traktor, die Straßenbahn oder der Kran benannt. Jede Frau heißt »Tante«, und jeder Mann ist ein »Onkel«.

Das Kind erkennt, daß jedes Ding seiner Umwelt einen Namen hat. Das Sprachverständnis hat sich bereits so erweitert, daß man dem Kind Anweisungen geben kann. Fordern wir es z. B. auf: »Hole deine Schuhe«, so wird es der Aufforderung folgen. Mit 1½ Jahren beherrscht das Kind im Durchschnitt 25 Wörter. Das Kind beginnt, mit der Sprache Gedanken auszudrücken.

1½ bis 2 Jahre: Zwei- und Dreiwortsätze, erstes Fragealter

Mit den geistigen Fortschritten des Kindes entwickelt sich gleichzeitig die Sprache. Das Kind beginnt im Zweiwortsatz zu sprechen, etwa »Auto haben« oder »da Auto«. Jetzt sagt es uns schon deutlicher, was es will und was es bewegt, obwohl mitunter zu raten ist, was es mit zwei oder drei Wörtern auszudrücken versucht. Immer mehr verschiedene Wörter werden zusammengestellt, bis schließlich auch der Dreiwortsatz gebildet wird. So steigert sich die sprachliche Ausdrucksfähigkeit Schritt für Schritt.

In dieser Entwicklungsphase liegt auch das erste Fragealter. Das Kind setzt sich verstärkt mit seiner Umgebung auseinander und erfragt dabei die Namen der Dinge, die es sieht: »Is'n das?« oder »Was is'n das?« – Oft stellt es dieselbe Frage mehrmals, um sich den Begriff auch gut einzuprägen. Es sind zumeist Hauptwörter, die das Kind zum Ding erfragt (Dingwort). Das viele Fragen des Kindes bereichert nicht nur sein Wissen, sondern es werden in dieser Zeit viele neue Wörter und Wortzusammenstellungen erlernt. Am Ende des zweiten Lebensjahres beträgt der Wortschatz bereits etwa 250 Wörter.

Das 3. Lebensjahr: Die stürmische Sprachentwicklung

Von Beginn bis Ende des 3. Lebensjahres vollzieht sich eine rasche Entwicklung der Sprache. Das Kind beginnt in ungeformten Mehrwortsätzen zu sprechen. Zunächst sind es Dreiwortsätze, die aber bald durch neue Worte erweitert werden. Allerdings sind diese vom Satzbau her noch sehr fehlerhaft. Es sind mitunter »Worthaufen«, denen noch jede grammatische Ordnung fehlt. Die Mutter versteht zwar, was ausgesagt wird, aber einem Außenstehenden muß es verdolmetscht werden. Dafür ein etwas krasses Beispiel: »Desi ford nimmer garden unden bes!« Das heißt in grammatischer Wiedergabe: »Daisy ist fort, sie ist nicht mehr im Garten unten, das ist böse!« (Maschka/Enenkel, 1969, S. 6). Der Fachpädagoge bezeichnet diese Periode als »physiologischen Dysgrammatismus«.

Eine weitere Auffälligkeit innerhalb der Sprachentwicklung ist die

Zeit des Stammelns, die jedes Kind länger oder kürzer durchläuft. Unter Stammeln verstehen wir eine unkorrekte Lautbildung, das Weglassen und Auswechseln von schwierigen Lauten. Bei der Lautbildung gibt es verschiedene Schwierigkeitsgrade. Das Kind wechselt einen schwer zu sprechenden Laut gern mit »T« aus und sagt z. B. statt Kind »Tind«, statt Schule »Tule«, statt Kartoffel nur »Toffel«. Oder als Satz: »Toma tatau tinten« soll heißen: »Thomas will Kakao trinken.« Hier vereinigt sich der ungeformte Mehrwortsatz mit dem Stammeln. In den ersten drei Jahren ist dieses sogenannte »physiologische Stammeln« noch nicht als Störung anzusehen. Mit der weiteren Sprachentwicklung und der zunehmenden Geschicklichkeit der Sprechorgane sollte die Lautbildung immer korrekter werden. Wenn sich keine Neigung zur Rückbildung des Stammelns zeigt, besteht für die Eltern Anlaß, sich Sorge zu machen.

Das Kind spricht in diesem Alter viel mit sich selbst. Beschäftigt es sich allein mit seinem Spielzeug, so spielt es nicht nur damit, sondern begleitet sein Tun auch meist mit der Sprache. Es spricht zu seinen Plüschtieren und führt Selbstgespräche mit anderen Spielsachen; es benennt die Bilder im Bilderbuch oder erzählt daraus, was ihm in den Sinn kommt. Dieses Sprechhandeln ist ein wesentlicher Bestandteil für das Werden des Sprachdenkens. Das Kind denkt anfangs vornehmlich nur laut. Allmählich tritt aber eine Hemmung des lauten Denkens ein und das Denken in Sprache verlagert sich immer mehr nach innen. Damit entwickelt sich die »innere Sprache« und das »sprachliche Denken«.

Der Beginn dieser Entwicklung im 3. Lebensjahr ist ein äußerst wichtiger Akt der Sprachaneignung. Es wurde bereits gesagt, daß sich unser Denken in sprachlicher Form vollzieht und daß alles höhere Denken an Sprache gebunden ist. Von jetzt an läßt sich ein äußeres und ein inneres Sprechen unterscheiden. Die Gedankenausformung zum äußeren, also lauten Sprechen bezeichnet der Fachpädagoge als »Denksprechen«. Mit dem inneren Sprechen ist uns die Möglichkeit gegeben, lautlos mit unserem Selbst zu sprechen. Damit werden alle Gemütsbewegungen, Ichbelastungen und auch alle Informationen verarbeitet. Es ist die Verinnerlichung der Sprache, ohne sie wäre unser Seelenleben sehr arm.

Wie die Überschrift andeutet, macht das Kind in diesem Lebensjahr stürmische sprachliche Fortschritte. Es bildet selbständig Sätze, es stellt Fragen und kann Fragen beantworten, es kann Zusammenhänge auf Bildern beschreiben, und es wird kurze Reime auswendig lernen. Anfangs spricht das Kind in der Gegenwartsform. Nach den Hauptwörtern eignet es sich nun auch die anderen Wortarten an. Zuerst spricht es von sich selbst stets in der dritten Person, indem es den eigenen Namen voransetzt. Das ist zu verstehen, weil es mit seinem Namen gerufen wird. Dann aber bezeichnet es sich mit »ich«. »Ich« bedeutet, daß es auch als Persönlichkeit wächst und damit seine Willensbezeugungen stärker herausstellt. In diesem Jahr ist der Wortschatz stark angewachsen. Mit Ende des dritten Jahres verfügt das Kind schon über 800 Wörter im Sprachgebrauch.

4.3. Das jüngere Vorschulkind: 4. und 5. Lebensjahr

Gegen Ende des 3. Lebensjahres setzt das zweite Fragealter ein und erreicht Mitte des 4. Jahres seinen Höhepunkt. Hier steht zunächst die »Warum«-Frage im Vordergrund. Bei der Beschäftigung mit dem Kind oder beim Spazierengehen wird es unentwegt immer wieder fragen. Damit kann es die Geduld der Eltern auf die Probe stellen und ihnen sogar Kopfschmerzen bereiten. Das Kind ist jetzt geistig so weit entwickelt, daß es aus seiner Umgebung so viel wie möglich aufnehmen will. Es genügt ihm nicht mehr zu hören, daß der Mann dort drüben ein Schornsteinfeger ist, es möchte auch wissen, warum er schwarz ist. Es hat so viele Dinge um sich, die seine Neugier wecken und die es ergründen möchte. Da sie ihm noch unverständlich sind, muß es sich mit seinen Fragen an die Erzieher wenden. Dabei erwirbt es viel neues Wissen und lernt Zusammenhänge zu begreifen.

Die Frageperiode ist eine wichtige Etappe in der geistigen Entwicklung des Kindes. Es wäre schlimm, wenn es nicht fragen würde, weil es dann nur wenig hinzulernen könnte und in seiner Entwicklung zurückbliebe. Die Fragen des Kindes sind Kennzeichen für den Entwicklungsstand seines Denkens. Mit der Benutzung aller Fragewörter (»wozu?«, »weshalb?« wohin?«, »woher?«, »wie kommt das?«, »wie geht das?« und andere) kann das Fragealter über das 4. Lebensjahr hinaus anhalten. Die lebhaften Fragestellungen nehmen zwar ab, aber das interessierte oder neugierige Kind wird wohl immer wieder zu fragen haben.

Wenn die Eltern die Erziehung ernst nehmen, so werden sie versuchen, die vielen Fragen in kindgemäßer, leicht verständlicher Weise zu beantworten. Sie müssen geduldig bleiben und dürfen keinen Unmut zeigen, auch wenn die Beherrschung manchmal schwer fallen sollte. Brüskes Zurückweisen mit der Antwort »Dazu bist du noch zu klein« oder Ausreden sind fehl am Platze. Auch wäre es falsch, eine Frage als dumm zu bezeichnen oder eine abwertende Antwort zu geben. Es ist immer zu bedenken, daß mit Frage und Antwort das Wissen des Kindes bereichert wird.

In der Vorschulzeit macht die sprachliche Entwicklung große Fortschritte. Die Sprache wird verständlicher und klarer, die Lautbildung verbessert sich zusehends. Schwierigen Lautverbindungen weicht das Kind nicht mehr aus, sondern bemüht sich, lautrichtig zu sprechen. Nur besonders ungewohnte Lautverbindungen und lange Wörter bereiten noch Schwierigkeiten. Das Kind ist nun in der Lage, Fragen der Erwachsenen verständlich und sinngemäß zu beantworten, die Sprache wird immer deutlicher und anschaulicher. Ihre Vervollkommnung zeigt sich wieder in einer erheblichen Zunahme des Wortschatzes: Gegen Ende des 4. Jahres beträgt er etwa 1500 Wörter.

Man erwartet, daß das Kind mit spätestens 5 Jahren fähig ist, sich grammatisch richtig auszudrücken. Es bemüht sich, die richtigen grammatischen Formen zu gebrauchen. Wenn dies noch nicht immer gelingt, wird der Erzieher verbessernde Rückmeldung geben. Einfache Sätze werden richtig gegliedert und zusammenhängend gesprochen. Guter Satzbau und die Feinheiten der Sprache werden natürlich erst später herausgearbeitet. Es ist die Aufgabe der Schule, hier die weitere Erziehung und Bildung zu übernehmen.

Im Alter von 5 Jahren sollte das Erlernen der Sprache in den Grundzügen abgeschlossen sein. Das Kind beherrscht nun alle Laute und Lautverbindungen. Es kann seine Gedanken, Absichten und Wünsche anderen Menschen mitteilen. Die passenden Worte fließen von selbst aus dem inneren Sprechdenken schnell und meist ohne Unterbrechung zu. Die gesprochenen Sätze sind länger geworden, und es werden Nebensätze gebildet. Ein Merkmal gegen Ende des 5. Jahres ist die bewußt kontrollierte Aussprache. Das Kind ist in der Lage, eine Kurzgeschichte oder ein Märchen nachzuerzählen. Es hat auch gelernt, an einer Unterhaltung teilzunehmen und anderen zuzuhören. Auch in diesem Lebensjahr ist ein Zuwachs des Wortschatzes zu verzeichnen: Mit 5 Jahren beträgt er bereits 2000 Wörter. Bei der

Einschulung stehen dem Kind in der Regel etwa 2500 bis 3000 Wörter zur Verfügung, die es zwar nicht alle benutzt, aber versteht.

5. Die Förderung der Sprachentwicklung

Das Kind erlernt seine Muttersprache nur in einem sozialen Umfeld, in dem gesprochen wird, wobei sich das Lernen ausschließlich in der ständigen Auseinandersetzung mit der Umwelt vollzieht. Zu dieser gehören alle Personen, die mit dem Kind in Beziehung stehen. Sie halten Kontakt mit ihm, geben Anstöße für den Lernprozeß und haben damit Anteil an seiner Sprachentwicklung.

Jedes Kind entwickelt sich entsprechend seinen individuellen Anlagen und den Umweltbedingungen. In dieser Entwicklung treffen viele Einflüsse aufeinander. Der wichtigste Faktor im Umfeld des Kindes ist im Normalfall das Elternhaus und dessen Erziehungsstil. Bei gutem Kontakt zur Umwelt lernen wohl die meisten Kinder Sprache und Sprechen, ohne daß sich die Eltern besonders darum bemühen.

Viele Kinder haben jedoch in den ersten Lebensjahren Entwicklungsstörungen, die sich besonders beim Erlernen der Sprache zeigen. Das Wissen darum sollte den Erzieher auffordern, die Lernbereitschaft des Kindes in Anspruch zu nehmen und den Lernprozeß von Sprache und Sprechen zu unterstützen und bewußt zu fördern. Freilich bedarf es dazu auch einiger pädagogischer Fähigkeiten.

Die folgenden Abschnitte bringen eine Reihe von sprachfördernden Maßnahmen und Möglichkeiten für die verschiedenen Entwicklungsstufen. Es ist mir klar, daß sie nicht alle bis zur letzten Fertigkeit eingesetzt und geübt werden können, doch gestattet die Auswahl, daß dem Kind Abwechslung geboten wird. Eltern oder Erzieher, die sich in der vorgeschlagenen Weise mit dem Kind beschäftigen werden, fördern nicht nur seine Sprachentwicklung, sondern beugen auch dem Entstehen von Sprachfehlern vor.

Zu dem Personenkreis, der in enger Beziehung zum Kind steht, gehört die Kindergärtnerin. Sie nimmt im Vorschulalter in der

Sprachentwicklung des Kindes einen sehr wichtigen Platz ein, und sollte diesem auch gerecht werden. Ist das Kind bis zum Spätnachmittag im Kindergarten, so muß ja wohl die Kindergärtnerin maßgebend an der Sprachförderung beteiligt sein. In den Beschäftigungsstunden am Vormittag hat sie viele Möglichkeiten, Sprache und Sprechen in spielerischer Weise zu fördern.

5.1. Im 1. Lebensjahr

Für diesen Lebensabschnitt spreche ich vornehmlich die Mutter an. Das erste Lebensjahr ist für das Werden des Kindes ein Schlüsseljahr. Vielleicht meinen Sie, in diesem ersten Jahr noch nicht viel zur Sprachentwicklung beitragen zu können; doch weit gefehlt. Zunächst haben Sie es freilich mit dem noch völlig hilflosen Säugling zu tun. Aber glauben Sie nicht, daß das so kleine Kind noch nichts von Ihrer Fürsorge spürt. Wenn es auch noch nicht bewußt erlebt, so doch unterbewußt und gefühlsmäßig. Wie jede Mutter werden auch Sie einen liebevollen Kontakt zu Ihrem Kind aufnehmen. Und dieser Kontakt ist nicht stumm, er wird von Worten begleitet. Immer dann, wenn Sie sich Ihrem Kind zuwenden, sollten Sie mit ihm plaudern. Ein Lächeln des Kindes kann die Antwort sein. Diese Wechselwirkung ist der Beginn der so ungemein wichtigen Mutter-Kind-Beziehung, die eben auch eine große Bedeutung für das Erlernen der Sprache hat.

Stimmliche Zuwendung

Ich möchte an das Kapitel »Zur Bedeutung der Stimme« anschließen. Das Schreien des Säuglings hat für die Mutter einen Signalwert. Hat sie es als Unlustschreien erkannt, wird sie nach der Ursache forschen. Bei diesem Tun sollte die Mutter zum Säugling sprechen. Wendet sie sich ihm liebevoll zu und beseitigt die Ursache des Unwohlseins, so wird der Klang ihrer Stimme beruhigend wirken, das Schreien wird sich verändern oder ganz aufhören. Ein Lächeln des Kindes gilt der Mutter als Dank und wird sie freuen. Von diesem Zeitpunkt an, also schon wenige Wochen nach der Geburt, bleiben Mutter und Kind in stimmlichem Kontakt: Der Säugling mit seinem modulierten Schreien, die Mutter mit ihrem warmen Stimmklang.
Die Mutter-Kind-Beziehung ist für die Gesamtentwicklung in den

ersten Lebensjahren des Kindes äußerst wichtig. Sie muß schon im Säuglingsalter aufgenommen und gepflegt werden. Zu den Liebkosungen gehört auch – um es zu wiederholen – die stimmliche Zuwendung. Besonders die Pflege des Säuglings ist eine günstige Gelegenheit, um sich mit dem Kind zu unterhalten. Wenn Sie es einwindeln, können Sie z. B. sagen: »So, jetzt bekommst du ein neues Windelchen. – Jetzt bist du wieder trocken und wirst schön schlafen!«. Natürlich versteht das Kind nicht den Sinn der Worte, es braucht ihn auch nicht zu verstehen. Es hört aber den Ton Ihrer Stimme, und es versteht sehr wohl die »Vokabeln der Liebe«, mit denen Sie sprechen. Sie lieben Ihr Kind, und die Liebe hat ihren eigenen Stimmklang, den das Kind gefühlsmäßig aufnimmt.
Würden Sie in verärgerter und unwirscher Stimmung beim Trockenlegen mit dem Kind schimpfen, so würde es zwar ebensowenig die Worte verstehen, aber den rauhen oder abfälligen Ton sehr wohl heraushören. Das jedoch könnte es als Kontaktbruch empfinden, so klein es auch noch ist. Würden Sie die Versorgung stets routinemäßig und stumm verrichten, so fehlte der Stimmkontakt, und es dürfte kaum zu einem innigen Verhältnis zwischen Ihnen und dem Kind kommen. Wir haben dieses Thema deshalb so eingehend erörtert, weil im Abschnitt der Sprachstörungen, besonders des Stotterns, auf die Beziehung zwischen Kind und Erzieher zurückgegriffen wird.

Das Üben von Lallsilben

In der Periode des Lallens bringt das Kind aus eigenem Antrieb ungeordnete Lautfolgen hervor. Jetzt ergibt sich für Sie die erste Möglichkeit, in den Lernprozeß einzugreifen, um die Lautbildung in die richtigen Bahnen zu lenken und die Geschicklichkeit für das Sprechenlernen zu fördern. Etwa vom 6. Lebensmonat an versucht das Kind, Laute, die ihm vorgesprochen werden und die es selbst noch nicht gebildet hat, nachzuahmen. Diese Fremdnachahmung gelingt ungefähr im 8. Lebensmonat am besten.
Wenn Sie das Kind zur Stimmproduktion anreizen und ihm zur systematischen Übung seiner Sprechmuskeln verhelfen wollen, so müssen Sie ihm zunächst leicht zu bildende Laute vorsprechen. Schwierige Laute wie »g«, »k«, »ch«, »sch«, »s« und Lautverbindungen darf man noch nicht vorsprechen. Bei diesen Übungen wird gleichzeitig das Gehör des Kindes geschult. Das Ohr muß die Fähigkeit entwickeln,

die einzelnen Lautgebilde zu unterscheiden; das ist die unumgängliche Voraussetzung für eine korrekte Lautbildung.
Wir beginnen mit den Lippenlauten und gehen erst dann zu den Zahn-Zungen-Lauten über. Der Konsonant wird stets vor den Vokal gesetzt. Sprechen Sie dem Kind zuerst etwa folgende Lallsilben vor:

»ma-ma«, »pa-pa«, »do-do«, »ti-ti«,
»ba-ba«, »muh-muh«, »tut-tut«, »bum-bum«,
»ham-ham«, »nein-nein«, »piep-piep«, »bitte-bitte«.

Mit noch mehr Vergnügen wird das Kind nachzuahmen versuchen, wenn Sie die Silben danach in mehrmaliger Wiederholung vorsprechen. Beginnen Sie mit den Silben

»ba-ba-ba-ba-ba«, »do-do-do-do-do«, »ni-ni-ni-ni-ni«

und mit den Lauten

»p«, »m«, »t«, »l«, »w« und »f«.

Es ist nicht zu verlangen, daß das Kind das Vorgesprochene auch sogleich nachahmt. Vielmehr wird es später, wenn es allein daliegt, nachzuahmen beginnen: »ba-ba-ba-ba-ba«.
Wenn man sich mit einem Säugling beschäftigen will, weiß man oft nicht, was man tun kann, um ihn zu unterhalten. Dieses spielerische Üben der Mundmuskulatur macht dem Kind Spaß und ist für das spätere Sprechenlernen sehr nützlich.
In der Lallperiode sollte auch die bekannte Übung des »Brummlippchens« aufgenommen werden. Die meisten Mütter machen dieses Spiel unbewußt mit ihrem Kind. Während das Kind vor sich hinmurmelt, führt die Mutter den Zeigefinger des Kindes an seine Lippen und bringt diese durch Klopfen mit dem Finger zum Erzittern. Das Kind wird dieses Brummlippchen nachahmen und alleine damit spielen. Eine weitere Übung für die Beweglichkeit der Lippen ist das »Küßchen geben«, dem das Kind auch gern Folge leistet. Das Brummerchen wie auch das Lippenspitzen gelten als Vorübungen für die späteren Bewegungsfolgen bei der Lautbildung. Es ist überraschend, wie steif bei manchen Kindern die Lippen sind, wenn während der Behandlung des Stammelns z. B. das »sch« gebildet werden soll.

Sprechenlernen mit Bewegung

Ehe das Kind sprechen kann, geht ihm schon ein erstes Sprachverständnis voraus, das es zu wecken und zu fördern gilt. Je früher das Kind zu ahnen beginnt, daß Wörter mit Dingen und Tätigkeiten in einem Zusammenhang stehen, desto eher wird es verlockt, selbst mit dem Sprechen zu beginnen. Gegen Ende des 1. Lebensjahres kann man das Kind dazu bringen, zunächst sprachliche Aufforderungen mit Bewegungen zu koppeln, um danach die Bewegung mittels Sprache vom Kind zu fordern. Die Bewegungen müssen natürlich oft vorgemacht und immer von den gleichen Wörtern begleitet werden. Damit wird eine Verbindung zwischen dem Klangcharakter des gehörten Wortes und der Handlung hergestellt. Schließlich kann das Kind auf den sprachlichen Hinweis der Eltern mit der richtigen Bewegung antworten.

Regen Sie das Kind zu einem Handeln nach Worten an. Am bekanntesten ist wohl die Aufforderung: »Mach winke, winke!« Wenn Sie mit dem Kind diese Bewegung üben, so führen Sie zunächst selbst die Hand des Kindes und sprechen dazu langsam und deutlich die Worte. Ebenso können Sie es auffordern: »Mach bitte, bitte!« Auf ein Geräusch oder herannahende Schritte heben Sie den Zeigefinger und sagen »Horch!« Das Kind sagt dann später, wenn es nahende Schritte oder ein anderes ihm bekanntes Geräusch hört, ganz von selbst »Horch!« und hebt den Finger in die Höhe. Fragen Sie »Wie gut schmeckt es?«, wird auf das Bäuchlein geklatscht und ausgerufen »Sooo gut!« Auf die Frage »Wie groß ist das Kind« hebt es den Arm hoch und Sie sagen mit ihm »Sooo groß!« Auch das Ticken der Uhr kann einbezogen werden. Es ist zweckdienlich, wenn bei diesen Übungen das Kind auf Ihrem Schoß sitzt, denn es braucht Ihre körperliche Nähe und will immer wieder liebkost werden.

5.2. Im 2. und 3. Lebensjahr

Sprechförderung mit Lautspielereien

Es sei daran erinnert, daß im 1. Lebensjahr das Kind von sich aus lange Lallmonologe führt, die ihm sichtbar Freude bereiten. Der Trieb zur kindlichen »Lallwortsprache« wird lange beibehalten und ist auch noch im 2. Lebensjahr vorhanden. Wir können ihn jetzt bewußt zur Unterstützung der Lautbildung und zur Übung der artikulatorischen Geschicklichkeit einsetzen. Mit Beginn des 2. Lebensjahres können Sie ein Sprechbewegungstraining in Form von Lautspielereien aufnehmen. Mit diesen Übungen bietet sich Ihnen die Möglichkeit, das Kind in froher und unterhaltsamer Weise sprechtechnisch zu schulen, ohne es zu langweilen und zu ermüden. Das Anbieten von Lautnachahmungen wirkt auf das Kind sprechanregend; es hebt überdies die Lust an der Muskelbewegung und am Sprechen überhaupt. Im folgenden bringen wir eine Auswahl einfacher Lautspielereien mit Bewegungsimpulsen.

bum-bum-bum	= mit Faustklopfen auf den Tisch
hau-hau-hau	= mit Handklopfen in die Luft
hühü-hühü-hühü	= mit Reiterbewegung
oha-oha-oha	= mit Zeigefingerbewegung
nana-nana-nana	= mit Drohen des Zeigefingers
nein-nein-nein	= mit Schüttelbewegung der Hand
wum-wum-wum	= mit Schlagbewegung der Hände
tärä-tärä-tärä	= mit Fingerspiel zur Klarinette
nanu-nana-nein-nein	= mit Heben des Zeigefingers
tick-tack-tuck	= mit Fingerklopfen auf den Tisch
hierher-hierher-hier	= mit Winken der Hand
hmtata-hmtata-hmtata	= mit Trompeteblasen
pi-pa-paff, pi-pa-paff	= mit Schießbewegung
fidel-fitt-fidel-fitt	= mit Handbewegung des Geigenspiels
nudelnutt-nutt-nutt	= mit Drehbewegung des Leierkastens.

Ich verweise auch auf die »Sprechfibel« von Wulff, 1974. In ihr sind eine Fülle von Anregungen und Übungen mit reichem Bildmaterial enthalten. Allen Eltern und Erziehern, die das Sprechenlernen des Kindes unterstützen wollen, sei diese empfohlen.

Kinderreime

Nicht nur der Gesang, auch unser Sprechen wird von einer Melodie getragen: der Sprechmelodie. Sie ist in einen Rhythmus eingebettet. Der Rhythmus ist ein wichtiges sprechförderndes Element der Sprache. Durch das Auf und Ab der Töne, den Nachdruck oder die Verlängerung des Vokals wird die Betonungskurve geformt. Je ausgeprägter die Wellenlinie der Betonung ist, je mehr sie sich dem

Prinzip des Gesanges nähert, desto schöner und ausdrucksvoller wirkt die Sprache, und desto schwungvoller wirkt der Sprechablauf. Die Stimmentfaltung spielt hierbei immer die entscheidende Rolle. Im Gegensatz dazu wirkt eine monotone Sprechweise fahl und schleppend, ihr fehlt die Gefühlsfärbung, die die Sprache erst lebendig macht.

Ein starker Sprechrhythmus liegt in unseren kindertümlichen Reimen und Versen. Der Reim sichert eine gleichbleibende Betonungswelle innerhalb der Sprechmelodie. Daher sind Kinderreime gerade in der Zeit des Sprechenlernens vortrefflich geeignet, dieses zu fördern. Sie bringen dem Kind Freude am Sprechen und werden ihm nie langweilig. Werden die Reime auswendig gelernt, so wird überdies das Gedächtnis geschult. Diese Übungen sollten schon sehr früh aufgenommen und immer wieder herangezogen werden. Auch später kann anhand gereimter Texte oder Gedichte die Festigung der Sprechmelodie über das Kindergartenalter hinaus bis weit ins Schulalter hinein geübt werden. Ganz besonders bei beginnendem Stottern ist die Arbeit mit dem Sprechrhythmus angezeigt.

Den Gleichklang der Sprache, der in den Kinderreimen liegt, nimmt schon das kleine Kind freudig auf. Beim 2jährigen Kind sollten Sie das Versesprechen mit einem rhythmischen Klatschen begleiten. Das Kind sitzt auf Ihrem Schoß, und Sie führen zunächst seine Hände. Sie sprechen drei bis fünf Worte vor, wohl meist eine Zeile, und das Kind wiederholt mit Händeklatschen, wobei Sie mitsprechen. Das macht dem Kind Freude und schon nach kurzer Zeit wird es versuchen, die Bewegungen selbst auszuführen. Verwenden Sie für diese Übungen die alten, überlieferten Kinderreime, die schon unseren Großeltern gelehrt wurden. Als Hinweis bringe ich zwei davon. Ähnliche Reime und kurze Verse finden Sie in der genannten »Sprechfibel« von Wulff.

Hoppe, hoppe Reiter,
wenn er fällt, dann schreit er.
Fällt er in den Teich,
find't ihn keiner gleich.
Fällt er in die Hecken,
fressen ihn die Schnecken.
Fällt er in den Graben,
fressen ihn die Raben.
Fällt er in den Sumpf,
macht der Reiter plumpf.

Hopp, hopp, hopp,
Pferdchen lauf Galopp,
über Stock und über Steine,
aber brich dir nicht die Beine!
Hopp, hopp, hopp, hopp, hopp,
Pferdchen lauf Galopp.

Auch Abzählreime sind beliebt:

Ich und du, Müllers Kuh,
Bäckers Esel, das bist du!

Die Arbeit mit Bildern

Es ist uns sehr daran gelegen, den Wortschatz des Kindes zu erweitern. Viele Dinge sieht das Kind zuerst auf Abbildungen, bevor es sie später in der Wirklichkeit betrachten kann. Somit können viele neue Wörter auch nur anhand von Bildern erlernt werden. Wenn dem Kind immer wieder die Bedeutung des Wortes in bildlicher Darstellung angeboten wird, so verknüpft sich das Bild mit dem Wortklang, und der Wortklang stellt im Gedächtnis die Gedankenverbindung zur Vorstellung des Bildes her. Ohne Zweifel sind Bilder für das kleine Kind ein starker Anreiz zu sprachlicher Betätigung. Für den Erzieher sind sie ein gutes Mittel, um die Einheit von Denken und Sprechen herauszubilden.

Einzelbilder und Bilderbücher sind gute Helfer in der Zeit der Sprachentwicklung. Wir können das Kind schon frühzeitig damit vertraut machen. Es müssen aber bunte Bilder sein, die die Aufmerksamkeit des Kindes auf sich ziehen. Die Bilderbücher, die Sie dem 2jährigen Kind in die Hand geben, müssen klare und eindeutige Abbildungen enthalten, möglichst Dinge aus seiner Umgebung und nur jeweils einen Gegenstand auf einer Seite. Zu viele Einzelheiten würden das Erkennen erschweren. Die ersten Bilderbücher müssen aus reißfestem Karton sein. Das Kind benutzt sie auch als Spielzeug, indem es die Seiten mit Wonne auf- und zuklappt. Dann aber schaut es immer wieder hinein und benennt von selbst die Bilder, deren Wörter es schon kennt.

Im 3. Lebensjahr vollzieht sich die »stürmische Sprachentwicklung«, und es gilt, diese zu fördern. Die Arbeit mit Bildmaterial sollte jetzt stärker in den Vordergrund rücken. Diese Bilder können nun ansprechender sein und auch schon Gruppierungen aufweisen. Betrachten Sie gemeinsam mit dem Kind ein buntes Bild oder ein altersgemäßes Bilderbuch. Dabei benennen und erklären Sie zunächst die abgebildeten Gegenstände und lassen dann erst vom Kind nachsprechen und selbst erklären. Ist es ein Situationsbild, so erzählen Sie das Dargestellte in kindgemäßen, kurzen Sätzen, die vom Kind nacherzählt

werden können. Dabei lernt es, im Satz zu sprechen. Sollte die Satzbildung noch recht unvollkommen sein, so dürfen Sie dennoch nicht allzu oft oder zu kritisierend eingreifen. Das Kind freut sich aber, wenn es gelobt wird.
Dann können Sie zu den Bildern einfache Fragen stellen. Es wird dem Kind Spaß machen, darauf zu antworten. Sie zeigen auf eine Abbildung und können fragen: »Was ist das?« – »Wozu braucht man das?« – »Wie ist es?« – »Wer hat es?« – »Wo steht es?« und anderes mehr. Dabei können Sie prüfen, ob das Kind erkennt, was in seiner Umgebung vorhanden ist oder was es schon einmal gesehen hat. Das Wiedererkennen im Bild ist an eine Beobachtungsgabe geknüpft, die auch geschult werden muß. Da sich das Kind im Fragealter befindet, wird es auch selbst fragen: »Was is'n das?«, denn es will sein Wissen ständig bereichern. Die Beobachtungsgabe bzw. das genaue Hinschauen kann auch in Form eines Ratespiels gefördert werden. Zum Beispiel: »Suche das Kind, das gerade den Ball wirft.« – »Zeige mir das Kind, das eine rote Mütze auf hat.« – »Wer hat eine Tasche in der Hand?« – In der Umkehr soll auch das Kind solche Fragen stellen.

Muskelgeschicklichkeit

Ich nehme Anschluß an die »Bedeutung des motorischen Bewegungsvollzugs« (S. 17) und wiederhole: Die allgemeine Geschicklichkeit des Muskelsystems für die Feinmotorik beeinträchtigt auch die Geschicklichkeit der Sprechmuskulatur. Eine besonders enge Beziehung besteht zwischen Handgeschicklichkeit und Sprechgeschicklichkeit. Hier ist nicht der Platz, dies näher zu erklären. Nur soviel sei gesagt, daß die Impulssteuerungen für die Handbewegungen und für die Muskelbewegungen der Sprechorgane im gleichen Gehirnabschnitt liegen. Das bedeutet, daß die Ausbildung der Händigkeit die Hirnreifung für die Sprechbewegungen nach sich zieht. Tatsache ist, daß eine begleitende Handbewegung, eine Geste, immer den Sprechablauf fördert. In diesem Sinne haben wir auch im vorigen Abschnitt das Sprechenlernen aus der Bewegung heraus empfohlen. Das alles besagt, daß von der Entwicklung der Feinmotorik auch die Befähigung zum Sprechenlernen abhängt. Ist die Geschicklichkeit der Hände noch sehr wenig ausgebildet, so kann auch die Sprachentwicklung stocken.
Wir sehen, welch wichtige Rolle das kindliche Spiel für das Sprechen-

lernen einnimmt. Es liegt im Aufgabenbereich des Erziehers, das Kind zum Spielen anzuleiten und durch geeignetes Spielzeug seine Handgeschicklichkeit zu unterstützen. Das Kind muß manuell spielen können, und es soll Freude an der Betätigung seiner Hände haben. Beim 2jährigen Kind denken wir z. B. an Bauklötze oder Ringe, die aufeinander oder ineinander zu legen sind. Für das 3jährige Kind gibt es eine Menge Spiele, die Hand- und Fingerbeweglichkeit bzw. das Funktionieren der Feinmotorik erfordern. Im Kapitel »Die Arbeit im Kindergarten zur Sprachförderung« auf S. 74 dieses Buches sind Übungen zur Feinmotorik aufgeführt. Auch Malen fördert die Geschicklichkeit von Hand und Fingern. Die Eltern sollten dem Kind jede Möglichkeit zum Malen und Zeichnen anbieten.

Korrigieren der kindlichen Sprache

Im 3. Lebensjahr wird es erforderlich sein, daß Sie gelegentlich Lautbildung und Grammatik korrigieren müssen. Aber hier muß mit Bedacht vorgegangen werden. Sie dürfen nicht ständig korrigieren und wiederholen lassen. Jeder sprachliche Dressurakt ist zu vermeiden, weil auf diese Weise beim Kind nur Widerwillen gegen das Sprechen entsteht. Ein häufiger Fehler ist auch der, daß man das Kind zwingt, Laute oder Wörter auszusprechen, die ihm Schwierigkeiten bereiten. Es wird sich bald seiner Artikulationsunfähigkeit bewußt und schweigt verstockt, und zwar um so hartnäckiger, je mehr man auf es einredet. Der übertriebene Ehrgeiz vieler Eltern hat schon so manches Kind verstummen lassen, das dieser Überforderung nicht standhalten konnte. Bei Schwierigkeiten in der Satzformulierung ist es jedoch angebracht, dem Kind ein fehlendes Wort vorzusagen oder ihm bei einer Redewendung zu helfen. Auch der Erwachsene sucht bei einer Berichterstattung oft nach der passenden Formulierung, wieviel schwieriger ist es für das noch redeungewandte und sprachschwache Kind. Helfen Sie also mit, dem Kind nach und nach ein Gefühl der Sprachsicherheit zu geben.

5.3. Vom 3. Lebensjahr bis zum Schulbeginn

Die Bedeutung des Kontaktes im Elternhaus

Es sei erinnert, daß die Sprache das wichtigste Ausdrucksmittel in der menschlichen Begegnung ist. Daraus folgt, daß Sprache an Kontaktbereitschaft und Kontaktfähigkeit gebunden ist. Dabei steht das Kontaktverhältnis im Elternhaus, insbesondere die Mutter-Kind-Beziehung, an erster Stelle.

Bei Kontaktstörungen des Kindes zu den Eltern kann in extremen Fällen auch das Sprechen mit ihnen abgelehnt werden. Der Fachpädagoge spricht dann von Mutismus, von einem »freiwilligen Schweigen«, dem allerdings auch noch andere psychische Ursachen zugrunde liegen. Kontaktstörungen zur nächsten Umwelt können im Vorschulalter unter besonderen Voraussetzungen auch leicht ein Stottern auslösen. Doch darüber mehr im Teil II dieses Buches.

Dieser so äußerst wichtige Kontakt, die Bindung des Kindes an die Eltern und umgekehrt, wird mühelos gewonnen, wenn Sie sich in vielfältiger Weise mit Ihrem Kind beschäftigen. Wenn sich die Mutter täglich etwa eine dreiviertel Stunde mit dem Kind beschäftigt, wird es nicht zu Kontaktschwierigkeiten kommen. Wenn beide dabei ins Plaudern geraten, sollte das Stündchen ruhig verlängert werden. Berichtet das Kind unaufgefordert z. B. über sein Spiel oder über seine Erlebnisse im Kindergarten, so deutet dies auf Offenheit und Kontaktfreudigkeit hin. Auch die Mutter sollte von sich berichten und das Kind in die Familiengeschehnisse einbeziehen. Man wird immer wieder erstaunt sein, wie gut man sich schon mit einem 5 bis 6jährigen Kind unterhalten kann. Eine solche Unterhaltung erfordert indes nicht nur vertrauliches Mitteilen, sondern auch anteilnehmendes Zuhören.

Ist die Mutter berufstätig und hat tagsüber wenig Zeit für ihr Kind, so sollten unbedingt einige ruhige Plauderminuten vor dem Zubettbringen des Kindes zur Gewohnheit werden. Fragen Sie es nach den wichtigsten Erlebnissen des Tages. Damit wird Anteilnahme bekundet und das Kind kann seinen eventuellen Kummer loswerden, bevor es dann gestreichelt und fürsorglich zugedeckt wird.

Die Arbeit mit dem Bilderbuch

Das Bilderbuch stellt in Situationsbildern, in Handlungsabläufen oder in Bildgeschichten einen Ausschnitt der Umwelt des Kindes dar, die es kennenlernen soll. Es hilft ihm, durch das Bild die Umwelt zu erfassen, sie verständlich zu machen. Durch die Art der Darstellung, häufig unterstützt durch Texte, wird das Kind dazu angeregt, sich mit dem Inhalt auseinanderzusetzen. Das Bilderbuch veranlaßt das Kind, sich in die aufgezeigten Vorgänge zu vertiefen, genau zu beobachten, Einzelheiten zu erkennen, Bilder miteinander zu vergleichen und Unterschiede herauszufinden. Bilder sind also sehr dazu geeignet, die Wahrnehmung zu fördern, Denkprozesse in Gang zu setzen und das Gedächtnis zu schulen. Für uns ist es wichtig, zu wissen, daß Bilder das Kind geradezu herausfordern, sich sprachlich zu äußern.

Schon in früheren Zeiten erkannte man den emotionalen, erzieherischen und therapeutischen Wert des Bilderbuches. Er sollte gewahrt werden, trotz der Konkurrenz des Fernsehens. Die Fernsehbilder rasen schnell vorbei und können vom Kind kaum erfaßt werden. Die Szenen im Bilderbuch kann es sich ansehen, so lange und so oft es will. Es kann selbst bestimmen, wann es weiterblättern möchte, und es wird bei öfterem Anschauen immer wieder etwas Neues entdekken. Das Erlebnis bleibt nicht einmalig. Kinder, die schon früh mit Bilderbüchern umzugehen lernen, sind neugieriger, wacher beim Betrachten ihrer Umwelt und lernen auch ihre Sprache aktiver zu gebrauchen. Bis weit ins Schulalter hinein hört das Bilderbuch nicht auf, ein freudespendender Helfer der Sprachförderung zu sein.

Nun zur praktischen Anwendung. Bereits im Kapitel 5.2. ist die Arbeit mit dem Einzelbild besprochen worden. Vom 3. Lebensjahr an können Sie nun schon Aufgaben stellen. Bei der ersten Aufgabe fordern Sie das Kind auf: »Erzähle mir, was du siehst!« – Vergessene Dinge können mit dem Finger gezeigt werden: »Was ist das?« – Es kommt darauf an, das Kind zur Erfassung eines Situationsbildes in allen Einzelheiten zu erziehen und Begriffswerte zu sammeln. Die zweite Aufgabe lautet: »Wie sind die Dinge?« – Hier kommen alle Besonderheiten zur Sprache: Die Bekleidung bei Personen, ihre Gestalt, besondere Merkmale an Dingen, also alles Auffällige.

Die dritte Aufgabe bringt eine erhöhte Anforderung: »Erzähle mir, was auf dem Bild los ist.« – Es kommt jetzt auf die Erfassung der Zusammenhänge an. Kann das Kind diese noch nicht völlig erfassen oder ist die Darstellung unbefriedigend, so erzählen Sie ihm den Inhalt in kurzen, einfachen Sätzen, langsam und sorgfältig. Das Kind wiederholt Satz für Satz, wobei Sie immer wieder mitsprechen, um dadurch das Tempo zu regulieren und das Kind zum deutlichen Sprechen anzuregen. Zum Schluß sagen Sie: »Nun möchte ich gern hören, ob du jetzt die Geschichte nacherzählen kannst.« – Sie können den Denkprozeß unterstützen, indem Sie auf die Stellen des

Bildes zeigen, die für die Nacherzählung der gehörten Sätze einen Anstoß geben können. Auf diese Weise läßt sich auch die Reihenfolge der Sätze andeuten (nach Vorlage von Rösler, 1933, 21/22).
Märchenbilderbücher sind mit ihrer Kombination von Bild und Text besonders ansprechend. Jedoch wird oft der Fehler gemacht, dem Kind zu früh Volksmärchen anzubieten. Das Verständnis für ganz einfache Märchen ist frühestens ab 4 Jahren gegeben. Lesen Sie ihm erst das Märchen vor und fragen Sie dann anhand der Bilder die Handlung ab. Denken wir z. B. an das Märchen vom Rotkäppchen. Zu diesem Inhalt bieten sich viele Fragestellungen an. Hernach soll das Kind das Märchen allein erzählen. Oder denken wir an das Märchen vom Schneewittchen. Hier wirken die Wiederholungen der sieben Zwerge auf das Kind sehr eindrucksvoll: »Wer hat auf meinem Stühlchen gesessen?“ usw. Vergessen Sie nicht, das Kind zu loben, auch wenn die Sprechleistung noch dürftig war. Regen Sie es auch an, das Märchen seinem Teddy oder der Puppe zu erzählen.
Das Bilderbuch kann nun auch schon gereimte Begleittexte enthalten, die Sie dem Kind zunächst vorlesen und dann Zeile für Zeile nachsprechen lassen. Einfache Verse wird es bald allein aufsagen können. Oft fordern Kinder, ihm ein bestimmtes Bilderbuch immer wieder vorzulesen, bis sie schließlich die Texte auswendig können und nun selber »vorlesen«. Dabei lernt das Kind ganz nebenher die richtigen Wortformen und die richtige grammatische Wortfolge im Satz.
Merkwürdigerweise kommen solche Wiederholungen, wie die des Betrachtens und Vorlesens der Neigung und dem Bedürfnis des Kindes entgegen. Während Erwachsene wohl am einmaligen Hören einer Geschichte genug haben, ist das bei Kindern gewöhnlich nicht so. Sie ergötzen sich immer wieder am gleichen Märchen und bitten, z. B. eine Märchen-Schallplatte wieder und wieder hören zu dürfen. Aber gerade dadurch prägen sich die Satzformulierungen besser ein.
Das beste Bilderbuch kann die Wirklichkeit nicht ersetzen. Wenn das Kind größer ist und gut laufen kann, wird auch der Vater immer öfter mit ihm spazierengehen wollen. Soll sich das Sprachverständnis des Kindes gut entwickeln, so muß sein Leben bunt und vielfältig sein, und es muß Gelegenheit haben, sich mit seiner weiteren Umwelt auseinanderzusetzen. Was kann dem Kind bei einem Spaziergang nicht alles gezeigt und erklärt werden. Es kann viele Wahrnehmungen machen, die sich ihm allmählich einprägen und die das Bild

seiner Umwelt erweitern. Es wird und muß nicht alles verstehen, worauf wir hinweisen und was wir sagen, aber es wird zum Schauen angeregt. Im Gegensatz zum Bilderbuch nimmt das Kind bei einem Spaziergang seine Umwelt ganzheitlich, als großes überschaubares Bild auf.

Die Bedeutung des Kinderliedes

Das Lied führt das Kind an Klang, Melodie und Rhythmus heran. Singen schult zudem das Gehör, es spannt Aufmerksamkeit und Konzentration, und da der Text eines Liedes auswendig gekonnt werden muß, wird auch das Gedächtnis geübt. Nicht umsonst nimmt das Lied eine so große Bedeutung in der Kindergartenarbeit ein. Die Ausbildung des melodisch-rhythmischen Gefühls wird auch die Ausdrucksfähigkeit des Sprechens beeinflussen. Das Singen wirkt außerordentlich sprechfördernd, denn hier wird viel Stimmvolumen der Artikulation beigegeben. Durch die Verlängerung der Vokale in der langsamen Singweise wird die deutliche Aussprache der Silben und Worte gewährleistet. Singen bringt auch eine vertiefte und geregelte Atmung. Das ist eine Funktionsübung, die z. B. der kleine Stotterer braucht. Und nicht zuletzt fördert ausgiebiges Singen die Entwicklung einer gesunden Stimme.
Für das Kind bedeutet ein Lied mit einer einfachen Melodie und rhythmischen Bwegungsimpulsen mehr als ein lustbetontes Spiel. Es ist Ausdruck der Lebensfreude und trägt Glanz in den kindlichen Alltag. Das gemeinsam gesungene Lied fördert das Gemeinschaftsgefühl in der Familie oder in der Kindergartengruppe.
Ich empfehle Ihnen, viel mit Ihrem Kind zu singen. Es werden dies zunächst die althergebrachten Kinderlieder mit einfachsten Klangfolgen sein. Nicht jedes Kind wird sich die Melodie schnell einprägen können. Üben Sie daher zunächst nur ein Lied ein, und erst wenn das Kind diese Melodie aufgenommen hat und singen kann, wird das nächste Lied in Angriff genommen. Sprechen Sie nicht abfällig, wenn Ihnen die Melodie nicht sehr gelungen erscheint, sondern loben Sie trotzdem. Sie sollen ja das Kind ermutigen und ihm die Freude am Singen erhalten. Mit jüngeren Kindern sollte man nicht sehr hoch und auch nicht übermäßig laut singen, da die Stimme geschont werden muß.

Ob es das heute noch gibt, daß eine Mutter beim Zubettbringen des Kindes ein Schlaflied singt? Welch innigen Kontakt würde das zwischen Kind und Mutter entstehen lassen.

Sprachförderung im Spiel

Es ist das Ziel aller Sprechübungen, die Sprachfreude zu wecken und die sprachliche Ausdrucksfähigkeit zu steigern. Das Spiel ist im Vorschulalter die dem Kinde angemessenste Betätigungsform. Im Spiel erwirbt es die Fähigkeit, die Umwelt begrifflich, dinglich und situativ zu erfassen. Wir sollten daher allen Arten des Spiels im Rahmen unserer sprachfördernden Bemühungen ein besonderes Gewicht geben. Auch Spiele zur Übung der Konzentration, der Aufmerksamkeit und der Fingerfertigkeit dürfen nicht außer acht gelassen werden.

Im Spiel setzt sich das Kind nicht nur mit seiner Umwelt auseinander, sondern verarbeitet auch seine emotionalen Eindrücke. Daher wird dem Spiel in seinen vielfältigen Ausdrucksformen auch eine große therapeutische Bedeutung beigemessen. Es ist eine hervorragende Möglichkeit zum Abbau gestörter Kontakte oder gar aufgestauter Konflikte. Im Kindergarten wird das gemeinsame Spiel die Formen des Sozialverhaltens üben und festigen.

Das allein spielende Kind benutzt gelegentlich die Sprache, um gestaute Konflikte aufzulösen. Es beseelt gleichsam seine Plüschtiere oder Puppen und unterhält sich mit ihnen. Dabei können auch Mutter oder Vater angeklagt werden, wenn es meint, daß ihm unrecht getan worden ist. Dieses Spiel mit »lebend« gemachtem Spielzeug darf von den Eltern nicht unterbrochen werden, im Gegenteil, sie sollten ihr Kind dazu ermuntern. Wenn man genau beobachtet, sieht man, daß das Reden und Tun des Kindes dabei häufig etwas Wunderliches hat. Die Beseelung der Umgebung ist eine Äußerung des geistigen Wirkens, welches das Kind in sich spürt. Ist es nicht fähig, für sich allein zu spielen, so müssen die Eltern dies als Alarmsignal auffassen, denn damit kündigt sich eine Verhaltensstörung an.

Gemeinsame Spiele von Eltern und Kind, bei denen miteinander gesprochen werden muß, sind sehr sprachfördernd. Ich kann dazu freilich nur einige Anregungen geben. Das Lottospiel zum Beispiel gibt es in vielen Ausführungen; es ist ein Zuordnungsspiel. Die bunten Einzelbilder sind aus der Umwelt des Kindes gewählt und können somit seinen Wortschatz vertiefen. Beim Bilderlotto wird auch die Beobachtungsgabe des Kindes geschult, da es Bilder auf identische Vorlagen legen muß. Dazu hat es zu sprechen und sagt z. B.: »Ich lege das Auto auf!« – Noch vorteilhafter ist es, wenn das Kind die Karten selbst austeilt und fragen muß: »Wer hat das Auto?« – Wir können auch die Bilder beschreiben lassen oder Fragen dazu stellen.

Beim Quartettspiel kann das Kind viel lernen. Die Bilder dieses Spiels zeigen nun schon seine erweiterte Umwelt. Das Kind muß einen Begriff aussprechen, um die im Quartett fehlende Karte anzufordern. Die vier Karten stellen immer einen Oberbegriff dar: Spielzeug, Obst, Kleidung, Fahrzeuge usw. Auch eine andere Variante ist möglich: Das Kind kann die auf dem Tisch liegenden Karten sortieren und zuordnen, was zusammengehört. Dabei soll es zuerst die einzelnen Gegenstände und dann den Oberbegriff benennen. Zu den Karten der Quartettspiele lassen sich sehr viele Fragen stellen, einerseits zum Sachgebiet des Oberbegriffs, andererseits zu den einzelnen Karten.

Auch das Dominospiel sei genannt. Dabei hat das Kind zu sprechen: »Ich lege den Stein mit . . . an!« – Sind die Steine farbig, so lernt es nebenbei die Farben kennen; haben sie Punkte, so lernt es den Zahlenbegriff. Regen Sie das Kind immer wieder zum Sprechen an. Lassen Sie es immer im Satz sprechen, und sparen Sie nicht mit Lob und Anerkennung.

Beim älteren Vorschulkind können nun auch spielerische Übungen zum Denksprechen mit herangezogen werden. Wir wissen bereits, daß ein gutes Gedächtnis die sprachliche Ausdrucksleistung unterstützt. Es gibt eine ganze Reihe gedächtnisfördernder Spiele. Dazu gehören vor allem die verschiedenen Ratespiele, z. B. »Ich sehe was, was du nicht siehst!« – Auch das Rätselraten ist beliebt, wobei man abwechselnd (einfache) Rätsel stellt und löst. Schwieriger ist das beliebte »Kofferpacken«: »Was alles ist auf eine Reise mitzunehmen?« Noch schwieriger ist das Beobachtungsspiel: Das Kind darf sich eine Minute lang ein Bild ansehen. Danach wird das Bild verdeckt, und das Kind soll nun versuchen, zu erzählen, was darauf zu sehen war. Es sei auch auf die ähnlichen Memory-Spiele hingewiesen. Alle diese Denksprechaufgaben unterstützen die Sprachentwicklung. Der Begriff Denksprechen beinhaltet: Das schnelle Den-

ken zur sprachlichen Ausformung und das fast gleichzeitige Aussprechen.
Auch die verschiedenen Würfelspiele sollen nicht unerwähnt bleiben. Hier können Felder oder Bilder angesagt werden. Doch beim Würfelspiel – wir denken da zuerst an »Mensch ärgere dich nicht« – geht es weniger um Sprachförderung als darum, Niederlagen hinnehmen zu lernen, der Verlierer sein zu können.
Aus all dem Aufgeführten ersehen wir, welche schöpferischen Kräfte im kindlichen Spiel liegen.

Teil II: Die gestörte Sprachentwicklung

1. Zur Häufigkeit von Sprachauffälligkeiten

Aus Jürgen Teumer & Anita Schwarze, Hamburg 1982, »Spricht Ihr Kind wie andere Kinder?«: »Es mehren sich die Anzeichen, daß die Sprach- und Sprechstörungen zugenommen haben und weiter zunehmen werden. 30 Prozent der Kinder im Vorschulalter (vier- bis siebenjährige) sind sprachlich auffällig. Etwa 15 Prozent, die Hälfte von ihnen, sind behandlungsbedürftig. Besonders bedrückend an dieser Entwicklung ist, daß viele Eltern und Erzieher kaum in der Lage sind, die Beeinträchtigungen rechtzeitig zu erkennen und eine sachgemäße Betreuung beziehungsweise Therapie zu veranlassen. Hier gilt es, ihre Informations- und Verständnisbereitschaft zu erhöhen.« (Es handelt sich um einen Vortrag vor Ärzten.)

Bei Puppe (1976, 177) sind folgende Zahlen genannt: »Der Anteil der therapiebedürftigen Vorschulkinder liegt zwischen 30 und 40 Prozent, der Anteil der Kinder, die dringend sprachheilpädagogischer Therapie bedürfen und bei denen Auswirkungen auf das Lern- und Sozialverhalten bestehen oder zu erwarten sind, liegt bei etwa 25 Prozent.«

Aus der DDR berichtet Hortmann (1970, 535): »Ein Wissenschaftlerkollektiv untersuchte in Halle/Saale (. . .) 841 Vorschulkinder im Alter von 3;0 bis 6;6 Jahren aus Kindergärten und Vorschulheimen. Bei dieser Stichprobe wurden bei 31,3 Prozent der Kinder Sprachfehler festgestellt. Trotz Dispensairebetreuung und sprachtherapeutischer Behandlung in einigen Fällen wiesen noch 21 Prozent der Jungen und 15 Prozent der Mädchen beim Schuleintritt Sprachfehler auf.«

In Prag kommt man sogar zu weit höheren Prozentzahlen. In Seeman (1974, 108) lesen wir: »Stammeln ist die verbreitetste Sprachstörung unter Kindern. Nach einer gemeinsamen Untersuchung von (. . .) in den Prager Kindergärten kam es bei 51 Prozent dieser Kinder im Vorschulalter vor.« (. . .) »Nach Sovak hatten (. . .) an den Prager

Schulen 42,7 Prozent der Kinder im Alter von 5 bis 6 Jahren Aussprachefehler.«
In der Fachzeitschrift »Der Sprachheilpädagoge« (Wien, 6. Jg. 1974, H. 3, S. 73) steht folgende Notiz: »Immer mehr Schulanfänger leiden in Westdeutschland unter zum Teil schweren Sprachstörungen. Nach jüngsten Statistiken beträgt die Zahl der stotternden und stammelnden ABC-Schützen weit über hunderttausend. Allein in Nordrhein-Westfalen sind von dreihunderttausend Schulanfängern sechzigtausend sprachgestört. (. . .) Alarmierende Zahlen ermittelten auch Wissenschaftler des Münchner Kinderzentrums bei einer Modelluntersuchung in einer Stadtrandgemeinde. Bei 27 Prozent der Kinder wurden Sprachstörungen wie Stammeln und Lispeln, festgestellt. Diese Störungen traten bei Buben häufiger als bei Mädchen auf. Bei 20 Prozent registrierte man eine unordentliche Sprache, bei 12 Prozent Stottern, bei 10 Prozent häufiges nächtliches Aufschreien.«
Mir scheinen die durchschnittlichen 30 Prozent zu hoch gegriffen. Aber immerhin habe ich Jahr für Jahr etwa 11 Prozent sprachbehandlungsbedürftige Vorschulkinder registriert. Auch diese Zahl ist noch alarmierend genug und sollte jeden aufrütteln, der mit sprachauffälligen Vorschulkindern zu tun hat.

2. Früherfassung und Frühbehandlung sprachauffälliger Vorschulkinder

Vielfach stehen die Eltern der Sprachstörung ihres Kindes hilflos gegenüber; sie möchten ihm helfen, wissen aber nicht wie. Die fehlende Kenntnis von Behandlungsmöglichkeiten kann bei den Eltern Resignation auslösen, und sie werden dann kaum noch sprachliche Anreize an das Kind herantragen.
Meist glauben Eltern, daß die Sprachentwicklung ihres Kindes nur eine Frage der Zeit sei. Fällt ihnen dann aber eine Entwicklungsverzögerung auf und sie sind deswegen besorgt, so wird ihnen oft der billige Rat gegeben: »Das gibt sich schon noch von selbst!« Die so nötige Nachhilfe bei der Sprachentwicklung wird dann meist versäumt und dem sprachauffälligen Kind bleibt frühzeitige Hilfe ver-

sagt. Die nachfolgenden Informationen sollen die Eltern anregen, die sprachliche Entwicklung ihres Kindes zu beobachten und zu aktivieren.

Um Verzögerungen und Auffälligkeiten rechtzeitig zu bemerken, ist es wichtig, die Phasen einer normalen Sprachentwicklung zu kennen (s. S. 24–32). Zunächst ist darauf zu achten, wann die Entwicklung der Sprache und des Sprechens von der Norm abweichend verläuft. Und es muß erkannt werden, ob das gestörte Sprechen noch physiologisch bedingt ist oder schon in die pathologische Richtung geht. Diese Grenze abzustecken ist nicht immer leicht. Daher sollten alle sprachauffälligen Vorschulkinder einem Fachpädagogen zugeführt werden. Das sprachauffällige Kind braucht frühzeitige Hilfe. Förderungsmaßnahmen zu einem frühen Zeitpunkt haben die größten Erfolgsaussichten, und die bestehende Sprachauffälligkeit kann mit einem viel geringeren Aufwand an Zeit und Mühe behoben werden als später. Im Fall des Stotterns z. B. ist es möglich, daß durch eine Frühförderung das »physiologische Stottern« (s. S. 67) gar nicht erst in Erscheinung tritt. Bemühungen in der Zeit des Sprechenlernens beugen nicht nur Fehlentwicklungen der Sprache vor, sondern sind auch der sprachlichen Ausdrucksweise förderlich.

In der Sprachheilkunde legt man heute mehr denn je Gewicht auf die Früherfassung und Frühbehandlung sprachauffälliger Vorschulkinder. Je früher eine Störung erkannt wird, desto eher kann mit entsprechenden Maßnahmen dagegen angegangen werden. Die Sprachauffälligkeit eines Kindes wird leider noch zu oft erst zum Zeitpunkt der Schulreifeuntersuchung erkannt. Dann ist es meist schon reichlich spät, um die verzögerte Entwicklung oder ein beginnendes Stottern noch bis zur Einschulung zu beheben. Man sollte also mit einem sprachauffälligen Kind schon im Kindergartenalter und nicht erst kurz vor dem Einschulungstermin zu einer Beratungsstelle gehen. Der Vorzug einer Frühbehandlung besteht auch darin, möglichen Folgeerscheinungen einer Sprachauffälligkeit vorzubeugen (s. S. 68). Würde sich die Früherfassung und Frühbehandlung in allen Bundesländern durchsetzen, und wären auch die Eltern aufgeschlossen dafür, so würden möglicherweise bald keine Stotterer mehr in den Schulen zu finden sein. Es ist nicht abzuschätzen, wieviel seelische Pein den betroffenen Kindern für ihr ganzes Leben erspart bliebe. Und schließlich würde auch kein lispelnder Redner mehr zu hören und zu sehen sein. Vorerst freilich noch ein schöner Wunschtraum!

2.1. Die Störungsarten der auffälligen Sprachentwicklung

Die sprachlichen Auffälligkeiten des Vorschulkindes können hauptsächlich in folgenden Bereichen in Erscheinung treten:

- Verzögerungen in der gesamten Sprachentwicklung. Wir sprechen dann von der verspäteten oder verzögernden Sprachentwicklung.
- Störungen in der Lautbildung und Lautgliederung, das Stammeln.
- Störungen im Satzaufbau mit Wortschatzarmut. Diese werden als Dysgrammatismus bezeichnet.
- Störungen im Redefluß, das Stottern.

Die genannten Störungsarten können im Verbund auftreten. So ist die verzögerte Sprachentwicklung fast immer mit Stammeln und Dysgrammatismus verbunden.

3. Die verzögerte Sprachentwicklung

Wir hörten bereits, daß die Sprachanfänge des Kindes zwischen dem 12. und 18. Lebensmonat zu erwarten sind. Der Sprachbeginn und die weitere Sprachentwicklung können jedoch durch mancherlei Ursachen verzögert und gestört werden. Wenn das Kind gegen Ende seines 2. Lebensjahres erst wenige Worte spricht, so können wir die Diagnose (Feststellung, Erkennung) einer verzögerten Sprachentwicklung stellen. Sämtliche Erscheinungsbilder der normalen (der physiologischen) Sprachentwicklung treten hier zu einem verspäteten Zeitpunkt auf oder sie bleiben unvollständig.

Verzögerte Sprachentwicklung bedeutet, daß das Kind in bezug auf seine Sprach-/Sprechfähigkeit hinter der seiner Altersgruppe zurückgeblieben ist. Wenn von einer Verzögerung der Sprachentwicklung die Rede ist, so meinen wir hier immer die gleichzeitige Verzögerung des Sprechenlernens und des allgemeinen Spracherwerbs. Das Kind, das verspätet Sprechen erlernt, kann zu den sogenannten Spätentwicklern gehören. Bei diesen Kindern finden sich meist auch andere Reifestörungen. Sie haben verspätet sitzen, stehen und laufen gelernt und sind auch zu spät sauber geworden.

Nur nach den Normen der Sprachentwicklung lassen sich die sprach-

lichen Leistungen eines Kindes gegebenenfalls als verzögert beurteilen. Da die Sprachentwicklungsstörung als Gesamtsymptomatik nicht sofort auffällt, wird ihr meist nicht genügend Beachtung geschenkt. So harmlos sie auch vielen Eltern erscheinen mag, muß man sie dennoch ernst nehmen. Es ist daher erforderlich, dieses Thema ausführlich zu behandeln, auch schon deshalb, um die Eltern auf die Sekundärstörungen (nachträglich hinzugekommene Störungen) der verzögerten Sprachentwicklung aufmerksam zu machen.
Bei der verzögerten Sprachentwicklung handelt es sich mehr um eine Verzögerung des Sprechenlernens als um das mangelhafte Erlernen und Erkennen von Begriffen. Bei vielen Kindern mit verzögerter Sprachentwicklung besteht nämlich ein auffallender Unterschied zwischen dem Verstehen der Sprache und der Sprachproduktion. Sie führen Befehle richtig aus, zeigen auf die genannten Bilder und bringen die verlangten Gegenstände, können aber deren Bezeichnungen selbst noch nicht nennen oder richtig aussprechen. Auch bei einem erheblichen sprachlichen Rückstand ist es die Regel, daß das Sprachverständnis schneller voranschreitet als die Sprechfähigkeit.
Die verzögerte Sprachentwicklung kann verschiedene Schweregrade aufweisen, eine genaue Diagnose ist nicht möglich. Man kann aber unterscheiden in

- die einfache verzögerte Sprachentwicklung und
- die stark verzögerte Sprachentwicklung.

Dazwischen finden sich Abstufungen.
Von einer einfachen verzögerten Sprachentwicklung kann nur dann die Rede sein, wenn bei dem betroffenen Kind keine organischen oder seelischen Ursachen vorliegen und auch keine wesentlichen Intelligenzausfälle festzustellen sind. Für das auffallend verminderte Sprachvermögen können wir hier als eventuelle Ursachen eine familiär bedingte Sprachgestaltungsschwäche oder Milieuschäden nennen. Das Symptombild einer stark verzögerten Sprachentwicklung zeigt meist folgende Fehlleistungen:

- Geringer Wortschatz
- Artikulationsstörungen
- Dysgrammatismus
- Schwäche der Lautdifferenzierung
- Mangelnde Konzentrationsfähigkeit.

Der Wortschatz ist arm und beschränkt sich nur auf die Wörter, die Personen, Gegenstände und Sachen im engeren Lebensraum des Kindes bezeichnen oder die sein besonderes Interesse finden. Die Wörter werden mehr oder minder gestammelt, mitunter auch verstümmelt. Das Kind spricht lange Zeit nur in Kurzsätzen, und bei Erweiterung der Sätze bildet es diese dysgrammatisch. Das Stammeln wird unterstützt durch eine schlechte Unterscheidungsfähigkeit für einzelne Laute (siehe dazu S. 18 »Wichtigkeit des Gehörs«). Der Fachpädagoge spricht hier von einer Unterentwicklung des »phonematischen Gehörs«, einfacher gesagt: Das Kind hat für einige Laute noch kein Gedächtnis. Der Befund einer verzögerten Sprachentwicklung ist also stets in Beziehung zu setzen mit den Sprachstörungen Stammeln und Dysgrammatismus.
Bei Kindern mit verzögerter Sprachentwicklung ist häufig auch mangelnde Konzentration anzutreffen. Sie sind leicht ablenkbar und können sich einer Beschäftigung nicht über längere Zeit widmen. Sie verlieren leicht die Geduld und ihr Spiel wirkt hektisch. Auch einem Gespräch, von dem sie nicht unmittelbar betroffen sind, können sie nur schwer folgen. Sogar das ruhige Anhören von Märchen und Geschichten fällt ihnen schwer.
Schon aus der Art des kindlichen Spiels kann man auf Verhaltensstörungen schließen. Mir sind noch lebhaft folgende Bilder vor Augen: Wurde mir ein Kind mit stark verzögerter Sprachentwicklung vorgestellt, so hat es meist das vorgelegte Bilderbuch rasch durchgeblättert, ohne die Bilder aufmerksam zu betrachten. Beim zweiten, dritten und vierten Bilderbuch ging es ebenso schnell. Bei manchen Kindern kam ein Zerstörungsdrang dazu: Ehe man sich versah, war das Bilderbuch zerfleddert. Mangelnde Konzentrationsfähigkeit, Bewegungsunruhe oder überhöhte Erregbarkeit sind wichtige begleitende Merkmale der verzögerten Sprachentwicklung.

3.1. Ursachen der verzögerten Sprachentwicklung

Die verzögerte Sprachentwicklung kann sehr verschiedene Ursachen haben. In grober Übersicht können drei Gruppen von Ursachen genannt werden:

(1) Erworbene organische Schäden. Zu diesen gehören:
   - Frühkindliche Hirnschäden mit oder ohne Intelligenzminderung,

– körperliche Schwäche nach Frühgeburt oder Krankheiten im 1. Lebensjahr,
– Hörstörungen.

(2) Vererbte sprachliche Unterbegabung, sogenannte Sprachschwäche.

(3) Milieuschäden.

Zu (1) Organische Schäden

Von den organischen Ursachen der verzögerten Sprachentwicklung sind zunächst die frühkindlich erworbenen Hirnschäden zu nennen, die wohl immer mehr oder minder eine allgemeine Entwicklungsverzögerung zur Folge haben. Ein frühkindlicher Hirnschaden kann vor oder während der Geburt, durch Krankheit oder Unfall in den ersten Monaten erworben worden sein. Allgemein bekannt ist, daß Röteln während der Schwangerschaft ernste Folgen für das Kind haben. Eine langwierige Austreibungsperiode bei der Geburt oder eine Nabelschnurstrangulation hat Sauerstoffmangel zur Folge und damit einen Gehirnschaden. Das Kind hat dann bei der Geburt eine Blaufärbung. Mitunter kommt es auch zu grobmechanischen Verletzungen beim Geburtsakt, etwa durch Schädelkompression bei zu engem Geburtskanal, wodurch ebenfalls Hirnschäden verursacht werden können.

Die frühkindliche Hirnschädigung gewinnt als Ursache für Störungen der Grob- und Feinmotorik, und damit nicht zuletzt auch für das verzögerte Sprechenlernen, in der Fachwelt immer mehr an Bedeutung. Die betroffenen Kinder lernen erst spät laufen und gehen auch noch lange Zeit recht unsicher. Ihre Handfertigkeit und damit ihr Spiel sind auffallend ungeschickt. Es besteht eine allgemeine motorische Rückständigkeit, die sich nun auch bei den Muskelbewegungen zur Artikulation bemerkbar macht (s. dazu S. 17 »motorischer Bewegungsvollzug«).

Wie bereits eingangs angedeutet, kann ein frühkindlicher Hirnschaden eine Störung der Intelligenzentwicklung nach sich ziehen. Besteht eine Intelligenzminderung, so wird sich diese auch auf die Sprachentwicklung auswirken, die dann mehr oder minder stark verzögert ist. In diesem Fall erscheinen aufgrund der sprachlichen Mängel die geistigen Fähigkeiten noch geringer, als sie es tatsächlich sind.

Intelligenzgeschädigte bzw. schwachsinnige Kinder sind fast immer Dysgrammatiker. Man muß jedoch nachdrücklich darauf hinweisen, daß Kinder mit frühkindlichen Hirnschäden nicht geistig und sprachlich zurückbleiben müssen.
Besonders im 1. Lebensjahr können schwere Krankheiten die Gesamtentwicklung eines Kindes nachhaltig beeinträchtigen. Vornehmlich sind anzuführen: Gehirnentzündung (Enzephalitis), Hirnhautentzündung (Meningitis), langanhaltendes und hohes Fieber, auch Keuchhusten. Ernsthafte Ernährungsstörungen nehmen ebenfalls Einfluß auf die Entwicklung des Gehirns. Das Zentralnervensystem erfährt nach schweren Krankheiten eine Reifungsverzögerung, wovon auch die Sprachentwicklung betroffen wird.
Es ist leicht verständlich, daß eine Störung des Gehörs das Sprechenlernen und die korrekte Lautbildung verzögern muß. Leider wird eine Schwerhörigkeit nicht immer rechtzeitig erkannt. Bei einer Hörstörung nimmt das Kind die Sprache seiner Umwelt nur ungenau wahr und bildet daher fehlerhafte Laute. Wenn ein Schulkind noch stammelt, sollte immer zuerst das Gehör überprüft werden. Das sprechen lernende Kind schaut auf die Mundbewegungen seines Sprachvorbildes. Das Auge als Sinnesorgan ist nicht nur am Sprechenlernen, sondern auch am Verstehen der Sprache beteiligt. Wenn nun das schon ältere Kind auffallend genau auf den Mund des Sprechers schaut, ist immer der Verdacht auf eine Hörstörung gegeben.
Andere organisch bedingte Ursachen einer verzögerten Sprachentwicklung: Eine Lippen-Kiefer-Gaumenspalte (LKG-Spalte) oder auch nur eine Gaumenspalte wird das Sprechenlernen stark aufhalten, wird aber nicht die Sprachentwicklung an sich, das Sprache-Verstehen blockieren. Nach den Operationen und einer nachfolgenden Sprachtherapie kann die Lautbildung bzw. das Sprechen ganz normal werden, lediglich ein nasaler Sprechklang könnte zurückbleiben. Kiefer- und Zahnstellungsanomalien können die korrekte Bildung der Zischlaute verhindern, wodurch Lispeln entsteht.

Zu (2) Die vererbte Sprachschwäche

Verspätete Sprachentwicklung mit einem bleibenden, allgemein verminderten sprachlichen Ausdrucksvermögen kann vererbt worden sein. Einige Autoren sprechen sogar von einem »familiären Sprachschwächetyp«, der durch Generationen gehen kann. Davon werden

hauptsächlich männliche Personen betroffen, und so sind es meist auch nur Jungen, die von der Familie des Vaters eine Sprachschwäche geerbt haben. Es muß nachdrücklich gesagt werden, daß eine Sprachschwäche nicht vom Grad der Intelligenz abhängig ist.
Ein Kind mit Sprachschwäche hat einen sprachlichen Rückstand, der sich in stark eingeschränkten Ausdrucksmöglichkeiten zeigt. Dabei ist vor allem die Geschicklichkeit bei der Umsetzung von Gedanken zu Sprachgestalten beeinträchtigt. Das Kind kann seine Gedanken nicht so schnell, wie es der Norm entspricht, zu einem richtigen Satz formen. Es zeigt Unsicherheit bei der Wortwahl und der grammatischen Gliederung, wodurch die Sprache stockend, zögernd, unsicher und gehemmt wirkt. Vielfach ist bei solchen Kindern auch die körperliche Elastizität beeinträchtigt, so daß eine etwas steife Haltung und körperliche Ungeschicklichkeit mit sprachlicher Ausdsrucksschwäche zusammenfallen.
Eine Schwäche in der Sprachgestaltung fällt oft nicht sonderlich auf. Das betroffene Kind und seine nächste Umgebung empfinden die Beeinträchtigung nicht als Störung. Jedoch kann sie ein Bündel von Sekundärstörungen bringen, die dann im Vordergrund stehen und von der Umwelt registriert werden. Die Sekundärstörungen überdecken dann die Primärstörung und können bei Unkenntnis zum Ansatzpunkt falscher Erziehungsmaßnahmen werden. Dadurch wird wiederum die weitere Entwicklung des Kindes schwer belastet (s. dazu auch S. 52).
Es sei auch darauf aufmerksam gemacht, daß ein Kind mit starker Wortfindungsschwäche zum Stottern disponiert (empfänglich) ist. Wird ihm keine Hilfeleistung geboten und wird es wegen dieser Verzögerung häufig getadelt, so kann das Kind bei Hinzutreten von Unsicherheit und Angst in das Stottern flüchten.

Zu (3) Milieuschäden

Es sei wiederholt, daß die Sprachentwicklung des Kindes nur in einer engen Beziehung zur Umwelt möglich ist. Besonders in den ersten Stadien der Sprachentwicklung liefert die soziale Umwelt die Anregungen und das Sprachmuster, und sie setzt für das Kind die Motive zu sprachlicher Äußerung. Liebevolle sprachliche Zuwendung der Eltern oder Großeltern bietet die so notwendigen hör- und sichtbaren Lautmodelle für seine sprachliche Entwicklung. Es ist verständlich, daß hier die Besonderheiten der sozialen Schicht und des häuslichen Milieus vom Kind übernommen werden. Wir sprechen von milieubedingter Ursache, wenn schlechte sprachliche Vorbilder oder unzureichende sprachliche Beeinflussung zu verzeichnen sind. Ein Mangel an sprachlichen Reizen oder fehlende sprachliche Anforderungen in angemessener Form können somit Ursache einer stark verzögerten Sprachentwicklung sein.

Dazu ein Beispiel: Ein kleines Mädchen wurde ausschließlich von der Großmutter betreut und erzogen. Diese Frau war sehr schwerhörig und aufgrund ihres Leidens wortkarg. Sie sprach wenig mit dem Kind und las dessen Wünsche von den Augen ab. Bei der Schuluntersuchung hatte das Mädchen den sprachlichen Entwicklungsstand etwa eines 2jährigen Kindes.

Ähnliche Gründe hat der sogenannte Hospitalismus: Kleinkinder, die ohne ausreichenden persönlichen Kontakt in Heimen aufwachsen, zeigen neben anderen Schäden als typisches Merkmal eine sprachliche Verarmung und Verzögerung mit zahlreichen Ausfällen lautlicher und grammatischer Formen. Der Hospitalismus kann als eine soziale Verhaltensstörung angesehen werden.

Die gestörte Mitteilungsfähigkeit des Kindes kann unter ungünstigen Umständen zu einem negativen Eltern-Kind-Verhältnis führen. Die Reaktionen der Bezugspersonen auf die kindlichen Fragen und Äußerungen können ein entscheidender Faktor für die Sprachverzögerung des Kindes sein. Es ist sehr wesentlich, ob die sprachliche Äußerung eines Kindes auf Entgegenkommen oder auf Ablehnung stößt. Wird das Kind mit seinen Fragen und Mitteilungen abgelehnt oder auf einen späteren Zeitpunkt verwiesen, findet es also keinen befriedigenden Widerhall, so kann es selbst in eine Ablehnung kommen und seine Sprechbereitschaft einstellen.

Es darf angenommen werden, daß im allgemeinen die Eltern wenig oder keinen Einblick in das Geschehen einer behinderten Sprachentwicklung mit ihren Auffälligkeiten haben. Mitunter sehen sie die Entwicklungsstörung gar als Faulheit oder Nichtwollen des Kindes an, nörgeln an seiner Sprache herum und überfordern es durch sinnloses Nachsprechenlassen. Die Folge davon kann Sprechscheu und Trotzhaltung sein, oder es kann sich in Extremfällen sogar Stottern einstellen. Wenn die Mutter ihr arg stammelndes Kind nicht zu verstehen versucht, um es zum besseren Sprechen anzureizen, so kann

es auch mit einem Zornesausbruch reagieren. Die Eltern ahnen nicht, welche Schäden sie damit ihrem Kind für seine seelische und charakterliche Entwicklung zufügen können.
Verzögerte Sprachentwicklungen, die ihre Ursache im Milieu haben, sind wahrscheinlich häufiger, als man annimmt. Bei der Vorstellung eines Kindes erhält der Therapeut leider nur wenig Einblick in das Milieu und vor allem erfährt er gewöhnlich nicht, wie Mutter und Kind tatsächlich sprachlich miteinander umgehen. Das ist jedoch nicht nur für die Diagnose bedeutsam, sondern auch für die Therapie. Es gilt auch Fehlhaltungen der Eltern aufzudecken. Es ist immer wieder festzustellen, daß sprachbehinderte Kinder häufiger als sprachnormale in einer belastenden sozialen Umgebung leben. Hier ist es nötig, Einfluß auf das Milieu zu nehmen. Es ist eine sehr unangenehme Aufgabe für den Therapeuten, darüber mit den Eltern zu reden, doch sind solche Gespräche im Interesse des Kindes notwendig. Auf jeden Fall muß eine Änderung des Milieus versucht werden.
Gelegentlich bestehen die Erziehungsfehler auch in zu großer Strenge, in Lieblosigkeit oder Überforderung des Kindes. Hier stoßen wir wieder auf die schon mehrmals erwähnte, so wichtige Mutter-Kind-Beziehung. Die Hektik unserer Zeit, die berufstätige Frau, die Genußsucht vieler Menschen und manches andere haben eine Umstrukturierung der Gesellschaft mit sich gebracht. Und dabei ist die Zeit, die Eltern für ihr Kind erübrigen, meist viel zu kurz bemessen. Es muß ja wohl eine Ursache haben, daß Sprachstörungen immer mehr zunehmen. Vernünftige Eltern werden deshalb nach Möglichkeit eine längere Mutter-Kind-Trennung zu verhindern wissen.
Schwere Kontaktstörungen zwischen Kind und Eltern führen in extremen Fällen zu einer Verweigerung der Spracherlernung. Die Sprache ist das Kontaktmittel zur Umwelt, und gerade diesen Kontakt will das Kind vermeiden. Solche Fälle wurden früher als »freiwilliges Schweigen« bezeichnet; heute hat man dafür den Fachausdruck »Mutismus«. Beim Mutismus handelt es sich um eine psychische Sperre des Sprechtriebs. Das wird schon daraus ersichtlich, daß sie sich oft nur auf bestimmte Personen bezieht. So kann es sein, daß das Kind nur den Eltern gegenüber stumm bleibt, wogegen es sich mit gleichaltrigen Kindern unterhält. In solchen Fällen muß die Kontaktstörung zur nächsten Umgebung aufgehoben und die Sprechlust mit geeigneten Mitteln geweckt werden.

4. Das Stammeln

Unter Stammeln versteht man eine Störung der Aussprache, die die Lautbildung (Artikulation) betrifft. Stammeln ist also die Unfähigkeit, bestimmte Laute oder Lautverbindungen zu bilden und richtig auszusprechen. Innerhalb der Sprachentwicklung ist das Stammeln eine ganz normale Erscheinung; jedes sprechen lernende Kind durchläuft eine Zeit des Stammelns. Sie ist gekennzeichnet durch lautbildnerische Ungeschicklichkeit. Diese entwicklungsbedingte Erscheinung wird »physiologisches Stammeln« genannt. Mit zunehmendem Alter gelingt dem Kind die Lautbildung immer genauer. Es lernt immer besser, Laute und Lautverbindungen richtig wahrzunehmen und wiederzugeben. Es überwindet langsam die artikulatorischen Schwierigkeiten und nähert sich der richtigen Aussprache. Gegen Ende seines 4. Lebensjahres müßte das Kind alle Laute und Lautverbindungen korrekt sprechen können.

Verzögert sich jedoch die einwandfreie Lautbildung weit über den normalen Zeitpunkt hinaus, so ist das Stammeln als pathologisch anzusehen. Wir haben also das entwicklungsbedingte (das physiologische) Stammeln und das sich eventuell daran anschließende entwicklungsverzögerte, das echte Stammeln, zu unterscheiden. Wenn das Kind noch im 5. Lebensjahr stammelt, so liegt eine Fehlentwicklung vor. Die Aussprachefehler konnten aus irgendwelchen Gründen nicht abgebaut werden, sie haben sich verfestigt und sind in einen Dauerzustand getreten.

Das Stammeln ist die verbreitetste Sprachstörung unter den Einschulungskindern; etwa 10 Prozent von ihnen zeigen bei der Einschulung noch mehr oder minder starke Aussprachefehler. Wir dürfen aber vermerken, daß sich auch bei diesen entwicklungsverzögerten und stammelnden Kindern bis zum 8., spätestens 9. Lebensjahr das Stammeln verliert, mit Ausnahme der falschen Bildung der »ß«-Laute. Zum spontanen Rückgang des Stammelns trägt der Leseunterricht, das langsame Lautieren, ganz wesentlich bei.

Das Stammeln im Einschulungsalter können wir als echte Sprachstörung bezeichnen; schon deshalb, weil es die weitere Entwicklung des Kindes behindern kann. Wird ein stammelndes Kind eingeschult, so wird ihm das Lesen- und Schreibenlernen erhebliche Schwierigkeiten bereiten. Mit dem Stammeln ist oft eine Schwäche bei der Unterscheidung gleichklingender Wörter (z. B.: Kanne-Tanne, Kopf-Topf, Nagel-Nadel) verbunden (»phonematische Differenzierungsschwäche«.) Wenn das Kind falsch lautiert, wird es das Wort auch falsch schreiben. Vermutlich sind es die gleichen Kinder, die später durch eine Lese-Rechtschreib-Schwäche (LRS) auffallen. Um dem Kind den Lernprozeß zu erleichtern, sollten bis zum Schuleintritt die gröbsten Stammelfehler unbedingt beseitigt worden sein.

Wie bereits erwähnt, verliert sich das Stammeln im Laufe der Jahre von selbst, bis auf die Zischlaute »ß« und »z«. Häufig wird auch noch das »sch« und das stimmhafte »s« fehlerhaft gebildet. Diese Aussprachefehler, als Lispeln bekannt, können sich über das ganze Leben erhalten. Lispeln ist weniger eine Sprachstörung als vielmehr ein sprachlicher Schönheitsfehler: Beim Sprechen schiebt sich die Zungenspitze zwischen den Zahnreihen nach vorn. Manche Berufe, besonders der Lehrberuf, bleiben dem Bewerber versperrt, wenn er lispelt. Wenn beispielsweise eine Kindergärtnerin lispelt, wird ihre ganze Gruppe sie nachahmen und ebenfalls lispeln. Deshalb auch hier wieder mein Apell an die Eltern, auch das anscheinend weniger harmlose Lispeln im Kindesalter behandeln zu lassen, solange es noch nicht allzu fest eingeschliffen ist.

Die Ursachen des Stammelns sind die gleichen wie die der verzögerten Sprachentwicklung: Sie sind organischer oder funktioneller Art.

Zu den bereits genannten organischen Ursachen lassen sich Abnormitäten der Sprechwerkzeuge (z. B. Gaumenspalte, Kieferanomalien, fehlerhafte Zahnstellung) hinzufügen. Den Hörstörungen muß hier eine besondere Bedeutung beigemessen werden. Es ist bereits erwähnt worden, daß eine nicht erkannte Schwerhörigkeit das Stammeln provoziert und es bis weit in die Schulzeit verlängern kann. Manche Eltern meinen, bei ihrem Kind ein angewachsenes Zungenbändchen zu sehen und bringen dieses mit dem verzögerten Sprechenlernen bzw. dem Stammeln in Verbindung. Ein verkürztes Zungenbändchen ist jedoch für das Sprechenlernen nicht hinderlich.

Eine der funktionellen Ursachen könnte das mangelhafte akustische Erfassen eines Lautes infolge Unaufmerksamkeit sein. Auch das schlechte sprachliche Vorbild ist wieder anzuführen. Es wird besonders dann verhängnisvoll, wenn die Eltern zudem in starkem Dialekt sprechen. Eine funktionelle Ursache ist auch die Ungeschicklichkeit der Sprechmuskulatur: Das Kind hört zwar selbst, daß der Laut fehlerhaft gebildet wird, kann jedoch das Muskelzusammenspiel zur richtigen Lautbildung noch nicht beherrschen. Dazu ein Beispiel: Meine älteste Tochter sagte gegen Ende ihrer Stammelperiode noch längere Zeit für »schwarz« »fraz«, hörte aber selbst, daß dies falsch war. Wir hänselten sie damit, indem wir für »schwarz« ebenfalls »fraz« sagten. Dann rief sie jedesmal ganz empört: »Es heißt nicht fraz, es heißt fratz!«

Wir gliedern das Stammeln nach Schwierigkeitsgraden:
- leichtes (partielles) Stammeln
- mittleres (multiples) Stammeln
- schweres (universelles) Stammeln.

Wie die Begriffe bereits aussagen, fehlen beim partiellen Stammeln nur einzelne Laute, beim multiplen Stammeln mehrere Laute und Lautverbindungen und beim universellen Stammeln viele Laute und alle Lautverbindungen im Sprechvorgang. Die Sprache eines universell stammelnden Kindes ist arg verstümmelt und kann fast unverständlich sein. Mitunter läßt sich bei der Vorstellung eines hochgradig sprachentwicklungsgestörten Kindes nur ein »Wortsalat« feststellen, wobei die Mutter aber immer noch dolmetschen kann.

Beim Stammeln können folgende Fehlerarten auftreten:
- Ein Laut kann noch nicht gesprochen werden und wird ausgelassen. Beispiel: »Vati« – »Ati«.
- Ein Laut, der noch nicht gesprochen werden kann, wird durch einen anderen ersetzt; sehr oft wird das »T« zu Hilfe genommen. Beispiel: Für »Vati« –»Tati«, für »Kuckuck« – »Tuttut«.
- Lautverbindungen können noch nicht gebildet werden, es wird der zweite Mitlaut weggelassen. Beispiel: Für »trinken« – »tinten«, für »Brille« – »Bille«.
- Die Laute werden undeutlich gesprochen, das Unterscheidungsmerkmal des Lautes wird nicht scharf genug gebildet; es ergibt sich eine »verwaschene Artikulation«, im Volksmund »nuscheln« genannt.

Wir haben Laute, die besonders häufig vom Stammeln betroffen sind. Das hängt mit den unterschiedlichen Schwierigkeitsgraden der Lautbildung zusammen. Am schwersten sind »S«-Laute zu bilden, die daher auch am meisten von einer Fehlbildung betroffen werden.

5. Der Dysgrammatismus

Unter Dysgrammatismus versteht man die Unfähigkeit, einen Gedankengang durch eine geregelte Wortfolge auszudrücken. Ein dysgrammatisches Kind ist nicht fähig, seine Gedanken, Wünsche und allgemeine Mitteilungen in der gebräuchlichen grammatikalischen Satzform zum Ausdruck zu bringen. Der Dysgrammatismus wirkt als sehr auffällige und zugleich recht eigenwillige Sprachstörung. In schwerster Form ist das Gespräch nicht einmal für die nächsten Angehörigen verständlich. Meist ist dann nur noch die Mutter in der Lage, zu dolmetschen. Von der Störung sind Grammatik (Sprachlehre) und Syntax (Satzlehre) betroffen, die die Wortbeugung und Wortstellung im Satz regeln. Außerdem beherrscht das Kind die Abwandlung des Zeitwortes nicht (z. B. statt fiel – fallte), und es verwechselt die Artikel der Hauptwörter, um hier nur die auffälligsten Fehler aufzuzeigen. Wie bereits an früherer Stelle betont, ist auch der Dysgrammatismus nur im Zusammenhang mit der verzögerten Sprachentwicklung zu sehen.

Bei der Schilderung der Sprachentwicklung haben wir darauf hingewiesen, daß das Kind dabei verschiedene Perioden durchläuft, so z. B. die Periode des »physiologischen Dysgrammatismus«. Wie lange sie dauert, welche Zeitspanne sie erfordert, läßt sich nicht genau bestimmen; sie ist abhängig von der Sprachbegabung sowie dem Sprachgefühl des Kindes und natürlich auch vom Einfluß des umgebenden Milieus. So kommt es, daß manches Kind nur allmählich und recht verzögert die Sprache nach den Regeln der Wort- und Satzlehre richtig zu gebrauchen lernt. Im I. Teil habe ich darauf hingewiesen, daß das Kind im 3. Lebensjahr geformte Mehrwortsätze spricht und daß im 4. Lebensjahr der Spracherwerb so gut wie abgeschlossen ist. Spricht das Kind über das 4. Lebensjahr hinaus immer noch dysgrammatisch, so ist dies als pathologisch anzusehen, und wir haben es mit einer echten Sprachstörung zu tun.

Der Dysgrammatismus hat drei Abstufungen. Auf der schwersten Stufe bedient sich das Kind gleichermaßen einer Ersatzsprache. Sie ist beschränkt auf den Einwortsatz bzw. auf den ungrammatischen Mehrwortsatz, der erst durch Mienenspiel, Geste und Tonfall sinnvoll wird. Es kommt sogar vor, daß Kinder bis zum Schuleintritt noch die Nennformsprache (Infinitivsprache) gebrauchen und über einen

Dreiwortsatz nicht hinauskommen. Zur mittleren Stufe gehört der zu geringe Wortschatz und die Verdrehung der Wortfolge. Das Kind sagt z. B.: »Schule ich bald gehe!« – »Spielen draußen ich werde.« – »Blumen abreißt, Mama schimpfen!« Auffällig ist auch, daß das Kind die Artikel (der, die, das) der Hauptwörter verwechselt. Die leichte Stufe des Dysgrammatismus ist nicht mehr als Störung zu bewerten. Sie wird im Deutschunterricht nach und nach abgebaut.
Die Ursachen für den Dysgrammatismus liegen in der Sprachentwicklung selbst und sind im Kapitel »Verzögerte Sprachentwicklung« (S. 53) bereits erörtert worden. Ergänzend ist noch ein mangelnder Sprechantrieb als Ursache zu nennen. Das Kind ist nicht etwa mundfaul, sondern es fehlt ihm das Sprachgefühl, meist ist es auch im allgemeinen nicht redefreudig. Es ist die Aufgabe der Eltern und Erzieher, in kindertümlicher, spielerischer Form die Sprechlust zu fördern. Es müssen Spiele erfunden, Situationen geschaffen werden, die das Kind zum lustbetonten Sprechen anregen. Es ist danach zu trachten, seine Vorstellungswelt zu bereichern, den Wortschatz zu vergrößern und die Ausdrucksfähigkeit zu steigern (s. »Sprachförderung« S. 33). Viele Eltern nehmen die auffälligen fehlerhaften Satzbildungen des Kindes nicht ernst genug. Sie sollten aber bedenken, daß es dadurch in der Schule große Schwierigkeiten haben wird.

6. Das Stottern im Vorschulalter

Unter Stottern verstehen wir die uns allen bekannten Unterbrechungen des Redeflusses. Das Kind kann alle Laute und Wörter richtig aussprechen und auch den Satz richtig formen, aber es ist unfähig, jederzeit glatt und flüssig zu sprechen; es treten mehr oder minder lange Stockungen im Sprechablauf ein. Einzellaute werden wiederholt, Silben und Wörter oder der Satzbeginn wird verzögert, oder im Satz entsteht eine ungewollte Pause. Beim ausgeprägten Stottern im späteren Lebensalter kann das Bild der Stottersymptomatik sehr vielgestaltig sein. Auf die mögliche Komik einer solchen Symptomatik möchte ich nicht näher eingehen.
Auch der Beginn des Stotterns fällt in die Zeit der Sprachentwick-

lung, steht also mit ihr in irgendwelchen Verbindungen. Nur in Ausnahmefällen beginnt das Stottern in der Schulzeit oder in der Pubertät. Das echte Stottern tritt immer erst zwischen dem 3. und 5. Lebensjahr auf, wenn dem Kind die Kontaktbeziehung voll bewußt und die Sprache das Ausdrucksmittel des Kontaktes von Mensch zu Mensch wird. Das Stottern ist eine Kontaktstörung; es tritt nur im Sprechen zu einer Zweitperson auf. Es dürfte bekannt sein, daß das stotternde Kind wie der stotternde Erwachsene im Selbstgespräch, wenn keine andere Person zugegen ist, frei vom Stottern ist und völlig fließend spricht. Da die Sprache das wichtigste Kontaktmittel der menschlichen Gemeinschaft ist, kann eine Störung in der Umweltbeziehung auch eine Störung der Sprache nach sich ziehen.

Im Gegensatz zum Stammeln und zum Dysgrammatismus arbeitet beim Stottern die Zeit negativ. Das heißt, daß sich das vorerst meist noch geringe Stottern des Vorschulkindes gewöhnlich von Jahr zu Jahr verstärkt, sich also der Schweregrad steigert: Das Kind weicht vom normalen Sprechmechanismus immer mehr ab und verstrickt sich in eine falsche Sprechtechnik. Dazu treten sekundär bedingte psychische Abweichungen, die zu schweren seelischen Belastungen werden können, und die nun ihrerseits das Stottern verstärken. Es entwickelt sich ein sogenannter Teufelskreis, wo sich zwei Gegebenheiten wechselseitig in die Höhe treiben. Die häufigsten psychischen Störfaktoren, die nun selbst wieder einen Stotteranfall provozieren, sind: Schneller Erregungszustand, Sprechscheu, Minderwertigkeitsgefühle, Unsicherheit und Sprechangst.

Beim jugendlichen Stotterer, der unter Grimmassieren fast um jedes Wort ringt, hat die Störung auch einmal klein angefangen. Ist die gestotterte Sprechweise erst einmal eingefahren, so ist es schon beim Schulkind sehr schwer, sie wieder zu beseitigen; der jugendliche Stotterer kommt kaum noch davon frei. Deshalb ist es gerade beim Stottern ungeheuer wichtig, die Störung früh zu erkennen und früh zu behandeln. Im Vorschulalter ist es noch verhältnismäßig leicht, ein beginnendes Stottern abzufangen.

Auf die Ursachen des Stotterns brauche ich hier nicht näher einzugehen. Ich habe sie ausführlich in meinem bereits genannten Buch beschrieben. Es sei jedoch ausdrücklich gesagt, daß die Ursachen des Stotterns mit denen der verzögerten Sprachentwicklung eng verknüpft sind bzw. dieselben Wurzeln haben können.

Wir haben im Vorschulalter prinzipiell unter zwei Erscheinungen gestotterten Sprechens zu unterscheiden, die schon im Ursprung verschiedenartig sind und die deshalb streng auseinandergehalten werden müssen, weil sie auch zwei verschiedene Behandlungswege erfordern. Zunächst sei das echte, das genuine Stottern angeführt, dessen Ursache in den genannten drei Ursachengruppen zu suchen ist. Es ist das Stottern, das sich ohne rechtzeitige Behandlung bis ins späte Lebensalter erhalten wird. Sodann kann aus einer verzögerten Sprachentwicklung eine gestotterte Sprechweise hervorgehen. Hier liegt die Ursache in der Verzögerung der inneren Sprachausformung. Es ist dies ein entwicklungsbedingtes Stottern, das nur an einen bestimmten Zeitabschnitt gebunden ist und sich dann von selbst verliert. Aber es besteht die große Gefahr, daß bei falschem Verhalten der Eltern dieses an sich harmlose und vorübergehende Stottern zum echten und damit bleibenden Stottern wird. Eingehende Erläuterungen und Unterscheidungsmerkmale zu diesen verschiedenartigen Stottererscheinungen finden sich in meinem Buch. Es sei daraus eine Stelle aus der Einleitung zitiert:

»Stottern im Vorschulalter tritt recht häufig auf. Jungen sind davon etwa viermal mehr betroffen als Mädchen. Bei einem unvollkommenen oder gestörten Sprechen braucht es sich nicht in jedem Falle schon um ein echtes Stottern handeln. Wie in einem späteren Kapitel beschrieben wird, gibt es eine kindliche Sprachstörung, die noch in den Grenzen der normalen Entwicklung liegt. Das Kind steht aber in ernster Gefahr, bei falschem Verhalten der Erzieher ein echter Stotterer zu werden. Deshalb soll dieses Buch auch zur Verhütung des Stotterns im frühen Kindesalter beitragen. Es soll helfen, die oftmals unbegründeten Besorgnisse der Eltern durch möglichst sachliche Informationen zu ersetzen.«

Die Unterscheidung zwischen dem entwicklungsbedingten, dem sogenannten physiologischen, und dem echten Stottern ist recht schwierig und bleibt wohl nur dem Therapeuten vorbehalten. Sie ist aber unbedingt erforderlich, denn erst danach kann das Verhalten des Erziehers dem Kind gegenüber festgelegt werden. Deshalb sollten die Eltern in jedem Fall ihr Kind einem Therapeuten vorstellen, wenn es anfängt, zu stottern. Es ist sehr, sehr wichtig für die charakterlich-seelische Entwicklung und für das Lebensglück des Kindes, daß sich die Eltern über die Sprachstörung informieren und die Anordnungen des Therapeuten befolgen. Es ist ja nicht nur das Stottern selbst, das im Schulunterricht und auf dem weiteren Lebensweg sehr hinderlich wird, sondern es sind vielmehr die sekundären Folgeerscheinungen, die das Leben eines jungen Menschen vergiften können. Daher immer wieder der Appell an die Eltern: Denken Sie an das Lebensglück Ihres Kindes und seien Sie beizeiten um die Beseitigung des Stotterns bemüht, ehe es zu spät ist!

7. Die sekundären Folgeerscheinungen einer Sprachstörung

Die eingeschränkte oder gestörte Sprach-/Sprechfähigkeit des Kindes wird Auswirkungen auf seine weitere seelisch-charakterliche Entwicklung und insbesondere auf seine Persönlichkeitsentwicklung haben. Es handelt sich um Folgeerscheinungen, die einmal aus der Störung selbst und zum anderen aus der Reaktion der Umwelt hervorgehen. Dabei ist von Bedeutung, inwieweit das Kind sich seiner Störung bewußt geworden ist und welche Stellung es nun dazu bezogen hat. Des weiteren dürfte bedeutsam sein, wie die nächsten Bezugspersonen des Kindes auf die Sprachauffälligkeit reagieren bzw. sich dazu verhalten. Wir haben also beim sprachgestörten Vorschulkind die primäre (ursprüngliche) Schädigung und die daraus entstandenen sekundären (nachträglich hinzukommende) Schädigungen auseinanderzuhalten. In der Regel allerdings treten Primär- und Sekundärstörung als komplexes Störungsbild in Erscheinung.
Das Kind ist mit sich selbst nicht zufrieden, weil es immer wieder erlebt, daß es wegen seiner schlechten Sprechfähigkeit weniger beachtet oder gar gehänselt wird. Sein bewußtes Erleben des sprachlichen Versagens bzw. Nichtkönnens und dazu womöglich ein ständiges Kritisieren seiner nächsten Umgebung läßt das Kind empfindlich werden. Die gestörten Mitteilungsversuche werden vom sensiblen Kind zweifellos reflektiert. Besonders ist es verärgert, wenn es von anderen Kindern nicht richtig verstanden wird oder sich den Kindern nicht recht mitteilen kann. Daß es sprachlich versagt, muß sich nachteilig auf die sozialen Bezüge des Kindes auswirken.
Eltern, Kindergärtnerin und später die Lehrer wissen nicht um die

möglichen Folgen, die eine Sprachbehinderung nach sich zieht. Sie sehen wohl die Verhaltensstörungen (Trotz, verbissenes Schweigen, Unaufmerksamkeit, mangelnde Konzentration, auch Unverträglichkeit und Faulheit), wissen aber nicht, daß die Sprachbehinderung die Ursache dieses Verhaltens ist oder war. Diese Unkenntnis der Bezugspersonen kann zu einer verhängnisvollen Fehleinschätzung des Kindes führen.
Die mangelnde sprachliche Ausdrucksfähigkeit führt unzweifelhaft zu einem Kreis von Folgebehinderungen. Da das Kind ständigen Konfliktsituationen ausgesetzt ist, wird es in irgend einer Form reagieren und mit einer unangemessenen Verhaltensweise antworten. Die Einfachbehinderung einer verzögerten Sprachentwicklung wird jetzt zu einer Mehrfachbehinderung. Ein Fehlverhaltenskreis erzeugt einen nächsten. Die sprachliche Auffälligkeit bleibt zwar das Hauptsymptom, aber es muß nun nicht mehr als das schwerere angesehen werden. Der sekundäre Folgekreis kann viel gewichtigere und vor allem nachhaltigere Fehlerscheinungen bringen. Wenn dieses Kind dann endlich – meist verspätet – zur Sprachbehandlung kommt, müßte nicht nur die Sprachstörung, sondern auch eine Verhaltensstörung behandelt werden.

Die sekundären Folgeerscheinungen können sich zeigen
- in der Persönlichkeitsentwicklung,
- im sozialen Bereich,
- bei den Leistungen im ersten Schuljahr.

Die behinderte Mitteilungsfähigkeit des Kindes muß Auswirkungen auf die Entwicklung seiner kindlichen Persönlichkeit haben. Auch bei schweren Sprachmängeln kann nur die Sprache benutzt werden, um sich verständlich zu machen. Wird diese Verständigung aber nur teilweise möglich, und das Kind erlebt, daß die Inhalte seiner sprachlichen Äußerungen nicht recht zu verstehen sind, dann kann es dies als Schwäche, als Manko seiner Fähigkeiten auslegen, besonders dann, wenn es von seiner Umgebung ständig auf den Mangel hingewiesen und kritisiert wird. Das Kind kann dann eine charakterliche Veränderung erfahren: Es wird verunsichert, gehemmt, still und sprechscheu, oder es zieht sich gar aus dem Kreis der normal sprechenden Kinder zurück.
Der Eingliederungsprozeß des sprachbehinderten Kindes in die soziale Umwelt ist gefährdet. Es können sich abnorme Verhaltens-

weisen entwickeln. Je nach individueller Charakteranlage des Kindes können die Auffälligkeiten verschiedene Ausdrucksformen annehmen. Wir müssen hier immer wieder »können« betonen, denn die Entwicklung muß ja nicht abnorm sein. Aber derartige Störungen im sozialen Beziehungsfeld bedeuten nun nicht mehr eine bloße Sekundärbehinderung, sondern können der Ansatzpunkt einer personellen und sozialen Fehlentwicklung sein. Diese wird auch dann noch bestehen bleiben, wenn die primäre Sprachbehinderung schon längst ausgeglichen worden ist. Es darf gefolgert werden, daß erst die sekundären Folgeerscheinungen das Kind für sein weiteres Leben behindern können. Daraus ergibt sich, daß es nicht bis zu schweren Folgeerscheinungen kommen darf.

Auch die Kindergemeinschaft kann zur sozialen Fehlentwicklung beitragen. Das sprachgestörte Kind wird mitunter von anderen Kindern gleichen Alters nicht angenommen, von ihren Spielen ausgeschlossen oder von ihnen nicht recht beachtet. Wie wird das Kind reagieren, wenn es vom Kinderkollektiv Ablehnung erfährt? Es kann angriffslustig, herausfordernd, aggressiv oder sogar feindselig werden. Oder der soziale Kontakt wird abgebrochen. Das Kind zieht sich zurück, steht abseits und spielt am liebsten allein. Aber gerade für diese Kinder wäre der Umgang mit normal sprechenden Kindern von großer sprachfördernder Wirkung. Es ist uns leider schon öfter berichtet worden, daß Mütter ihrem Kind verboten haben, mit einem stotternden Jungen zu spielen. Ihre Begründung: »Dann gewöhnt es sich auch das Stottern an!«

Es muß darauf aufmerksam gemacht werden, daß auch die Bezugspersonen die soziale Eingliederung des Kindes behindern können. Oft verunsichert sie die Sprachauffälligkeit ihres Kindes. Fehlt ihnen das Verständnis für die verzögerte Sprachentwicklung, so werden sie das Kind, um es zum besseren Sprechen zu drängen, stetig kritisieren und gängeln. Das ist aber eine falsche Erziehungsmaßnahme, die zu Konflikten führt. Je nach Charakter reagiert das Kind darauf aggressiv oder willenlos und zeigt sich inaktiv, oder resigniert völlig.

Dieses Fehlverhalten des Kindes kann nun wiederum als Rückmeldung zum Fehlverhalten der Bezugspersonen führen, z. B. bei dem Versuch, dem Kind die Aggressivität auszutreiben. Daraus wird dann das Kind wieder Konsequenzen ziehen. Diese Konfliktsituation kann eine Kontaktstörung einleiten und die soziale Fehlentwicklung des Kindes weiter vorantreiben.

Eltern können gewiß nicht ermessen, was es für ein Kind bedeutet, mit einer unvollkommenen Sprache oder einer Sprachbehinderung eingeschult zu werden. Diese Kinder haben es außerordentlich schwer, den Anforderungen des Unterrichts gerecht zu werden. Ohne Zweifel ist ein sprachbehindertes Kind dem sprachlich normal entwickelten gegenüber immer benachteiligt, und es wird seine Schullaufbahn bereits mit einer verminderten Bildungschance beginnen. Bleibt das Kind auch in der Folgezeit »sprachschwach«, so sind seine Ausdrucksmöglichkeiten, die mündlichen wie die schriftlichen, stark eingeschränkt. Bestehen Schwierigkeiten bei der Lautbildung und der Satzformulierung, so wird es auch falsch schreiben und mindestens in der ersten Hälfte seiner Schulzeit im weiterführenden Lernen deutlich behindert sein.

Ein entscheidender Prüfstein für die Beurteilung der Schulreife ist das Sprachvermögen bzw. die gesamte Ausdrucksfähigkeit des Kindes. Ist seine sprachliche Entwicklung verzögert, so ist es durchaus möglich, daß es um ein Jahr zurückgestellt wird. Im ungünstigsten Fall wird man die Sprachauffälligkeit als Lernbehinderung ansehen und das Kind eventuell falsch einschulen. Ich bin davon überzeugt, daß vielen sprachlich rückständigen Kindern die Schwierigkeiten im ersten Schuljahr erspart werden könnten, wenn die Eltern rechtzeitig sprachheilpädagogische Hilfe in Anspruch nehmen würden.

Anschließend möchte ich Puppe (1976, 147) das Wort geben: »Es sollte deutlich geworden sein, daß nur eine frühzeitige Behandlung sprachauffälliger Kinder Sprachbehinderungen und Folgestörungen verhindern oder zumindest in ihren Auswirkungen mildern kann.«

8. Allgemeine Behandlung von Sprachauffälligkeiten

Wenn das Kind zu Beginn seines 4. Lebensjahrs immer noch eine deutliche Sprachverzögerung aufweist oder wenn es zu stottern beginnt, sollte es unbedingt einem Therapeuten vorgestellt werden. Die Eltern können nicht beurteilen, ob es sich um eine vorübergehende, entwicklungsbedingte Erscheinung oder schon um eine echte

Störung handelt, ob eine Behandlung erforderlich ist und welche und wann sie einzusetzen hat. Durch rechtzeitige Beratung läßt sich in vielen Fällen sogar eine Behandlung umgehen. Je früher ein Kind betreut wird, desto besser sind die Aussichten für seine weitere Entwicklung. Es ist Aufgabe der fachpädagogischen Beratung, die Eltern über Art und Umfang der vorliegenden Beeinträchtigung aufzuklären, ihnen geeignete Fördermaßnahmen vorzuschlagen und ggf. Empfehlungen für eine weiterführende ärztliche oder psychologische Beratung zu geben. Die Anschrift von Beratungsstellen ist beim Gesundheitsamt zu erfragen.

Wir haben zu unterscheiden zwischen
- der allgemeinen Frühförderung, die Sprach- und Sprechförderung einschließt, und
- der offiziellen Behandlung durch einen Therapeuten, wenn die Sprachstörung ernsthafter Natur ist (offiziell = verbürgt, amtlich, von einer öffentlichen Institution ausgehend).

Mit der Frühförderung darf ab dem 3. Lebensjahr begonnen werden. Sie kann im Elternhaus und im Kindergarten erfolgen. In den frühen Förderungsmaßnahmen wird noch nicht direkt auf die Sprachauffälligkeit eingegangen, sondern man arbeitet vorerst mittelbar daran, was aber von Nutzen für die Sprachentwicklung ist. Unser Ziel ist die ganzheitliche Förderung des entwicklungsgehemmten Kindes. Diese läßt sich besonders gut mit dem Beschäftigungsprogramm im Kindergarten vereinbaren. Die Kindergärtnerin sollte daher in die Förderungsmaßnahmen einbezogen werden. Auch die Frühförderung müßte unter der Aufsicht und Kontrolle eines Therapeuten stehen. Er bespricht mit den Eltern und der Kindergärtnerin die notwendigen Maßnahmen und gibt ihnen erste Anweisungen. In längeren Abständen erfolgen dann weitere Besprechungen. Im Frühprogramm haben Kindergarten und Elternhaus volle Arbeit zu leisten. Die offizielle Behandlung beginnt im allgemeinen ab dem 5. Lebensjahr, wenn das Kind die erforderliche geistige Aufnahmefähigkeit erreicht hat und die nötige Aufmerksamkeit für den Lernprozeß aufbringen kann. Nun übernimmt der Therapeut die Betreuung. In der Regel bestellt er das Kind mit einem Elternteil, meist wird es die Mutter sein, einmal oder auch zweimal in der Woche zu sich, erteilt dem Kind Sprachheilunterricht und gibt der Begleitperson die nötigen Hausaufgaben mit.

Das 5. Lebensjahr kann nur als Richtschnur für den Behandlungsbeginn gelten; er ist immer vom jeweiligen Entwicklungsstand des Kindes abhängig. Ist das stammelnde Kind seinem Alter voraus, kann natürlich auch schon früher mit der Behandlung begonnen werden.

9. Die Frühförderung im Elternhaus

Im allgemeinen schauen die Eltern eines sprachlich entwicklungsverzögerten Kindes mit viel Besorgnis den schulischen Anforderungen entgegen. Sie befürchten, daß ihr Kind zurückgestellt wird oder gar eine Sonderschule besuchen muß. Was müssen sie tun, was ist erforderlich?

Zunächst ist eine Beratungsstelle aufzusuchen und das Kind dem Therapeuten vorzustellen. Er wird die Eltern eingehend beraten; sie erhalten Vorschläge, wie sie sich dem Kind gegenüber verhalten sollen und Anweisungen zur Frühförderung. Die Eltern haben diese Maßnahmen unbedingt aufzunehmen und konsequent durchzuführen. Unterstützung erhalten sie durch den Therapeuten.

Sofern das Kind einen Kindergarten besucht, sollten auch dort gezielte Förderungsmaßnahmen einsetzen. Die Eltern müssen engen Kontakt mit der Kindergärtnerin aufnehmen, um auch von dieser Stelle pädagogische Ratschläge einzuholen. Die geschulte Kindergärtnerin wird das Verhalten des Kindes objektiver einschätzen können als es die Eltern vermögen. Wir empfehlen auch, die zukünftige Lehrkraft des Kindes aufzusuchen, um sie auf die eventuell noch auftretenden Sprechschwierigkeiten vorzubereiten und sie zu bitten, die Sensibilität des Kindes zu berücksichtigen.

Es darf wiederholt werden, daß der Einfluß des Elternhauses auf die Sprachentwicklung des Kindes sehr groß ist und somit eine gezielte Sprachförderung durch die Eltern, besonders die Mutter, Erfolg verspricht. Zur Frühförderung im Elternhaus sind zahlreiche Vorschläge bereits auf S. 33 ff. beschrieben worden. Hinzu kommt jetzt noch, daß diese häusliche Förderung von einem Therapeuten gelenkt wird. Im übrigen gelten die Überlegungen des folgenden Abschnitts auch für die Frühförderung im Elternhaus.

9.1. Die Frühförderung im Kindergarten

Hauptträger der Frühförderung des sprachauffälligen Kindes ist wohl der Kindergarten. Dort stehen die vielfältigeren Möglichkeiten und die notwendige Zeit zur Verfügung, um fördernd auf das Kind einwirken zu können. In der Gruppe wird es den sprachlichen Kontakt suchen und sich um Sprachverständigung bemühen. Im Kindergarten ist jedes Förderungsangebot auf die kindliche Erlebniswelt ausgerichtet und berücksichtigt seine Lust am Spiel und am Funktionieren der Dinge sowie seine Neugier. Die Kindergärtnerin muß wissen, welche Beschäftigungen dem sprachrückständigen Kind besonders nützlich und förderlich sind. Drei Bereiche stehen im Vordergrund:

- Die Förderung der Motorik,
- die Förderung des rhythmischen Gefühls,
- die Förderung der Muttersprache.

Wir haben schon gesagt, daß die sprachliche Entwicklung eng mit der motorischen Entwicklung verknüpft ist. Es kommt somit sehr darauf an, die Bewegungsfreude zu wecken und zu schulen, um über den Umweg der Bewegung das Sprechen zu fördern. Das Kind muß laufen, hüpfen, springen dürfen, es muß am Spielgerüst klettern und auf dem Balken balancieren können. Alle diese Möglichkeiten sind im Kindergarten gegeben. Zu vermerken sei noch, daß der größte motorische Rückstand bei den Dysgrammatikern, der geringste bei den Stotterern festzustellen ist. Der Stammler wird je nach Stammelgrad zwischen beiden pendeln.

Bei der Förderung der Motorik wird unterschieden in
- grobmotorische und
- feinmotorische Übungen.

Sie können beide spielerisch durchgeführt werden.

Grobmotorische Übungen:
- Hüpfen (auf einem Bein, mit beiden Beinen)
- Hampelmann hüpfen
- Auf einer Linie oder auf einem Balken gehen
- Ball rollen, werfen, fangen
- Fußball spielen
- Rhythmische Übungen
- Kinderturnen.

Feinmotorische Übungen (Fingerbeweglichkeit)

- Perlen verschiedener Größe, Nudelbuchstaben auffädeln
- Wäscheklammern verschiedener Größe aufstecken
- Kneten mit Plastilin, Knetwachs und Ton
- Kleben, Ausschneiden mit der Kinderschere
- Malen mit Fingerfarbe, dicken Stiften, Kreiden
- Faltspiele mit Papier
- Auf- und Zumachen von Druckknöpfen, Knöpfen, Reißverschluß betätigen und Schleifen binden (s. Biesalski 1978, 98).

Besondere Beachtung ist dem Geschicklichkeitstraining von Händen und Fingern zu widmen. Es wurde bereits gesagt, daß die Impulssteuerung für die Hand- und Fingerbewegungen und die Sprechbewegungen im gleichen motorischen Gehirnfeld liegen; daher fördern Finger- und Handübungen auch die Sprechmotorik. Ein Beweis dafür ist, daß beim Stotterer eine gleichzeitige Handbewegung beim Sprechbeginn die Einsatzhemmung sofort überwindet. Das rhythmische Klatschen hat bei der Behandlung des kleinen Stotterers die gleiche Wirkung. Es sei auch noch vermerkt, daß die Übung der Feinmotorik dem Kind das spätere Schreibenlernen sehr erleichtern wird.

Von der Motorik ist der Körperrhythmus abhängig. So wird es nicht verwundern, daß bei einer Sprachstörung auch immer eine Störung im Körperrhythmus zu finden ist. Daher sind rhythmische Übungen zum Aufbau der Sprechgeschicklichkeit und zum Abbau von Sprachstörungen sehr empfehlenswert. Für besonders bewegungsgehemmte Kinder wird eine Hinführung zum rhythmischen Empfinden notwendig sein, z. B. in den Reigenspielen des Kindergartens. Die Reigenspiele, die von Liedern begleitet werden, sind für Kinder immer eine vergnügliche Angelegenheit und können Ungeschicklichkeit überwinden helfen. Allmählich werden sich die Bewegungen harmonisieren, und unmerklich entfaltet sich das Gefühl für Rhythmus und Melodie. Sie schulen nicht nur das rhythmische Gefühl, sondern lassen auch seelische Hemmungen überwinden und eröffnen dem Kind einen neuen, den musischen Erlebnisraum.
Für den Sprachheilkindergarten ist eine spezielle »Logopädische Rhythmik« entwickelt worden (Reckling (1965), mit Takt- oder Musikbegleitung. Im Elternhaus ist es schwierig, rhythmische Übungen zu machen, auch der Therapeut mit seiner begrenzten Zeit kann sie nicht in das Behandlungsprogramm einbeziehen, obwohl das in

vielen Fällen äußerst wichtig wäre. Aber im Kindergarten ist Raum und Zeit dafür gegeben.
Die Förderung der Muttersprache ist ein grundsätzlicher Bestandteil der methodischen und der allgemeinen Kindergartenarbeit. Als spezielle Ziele sind zu nennen:

- Förderung der Sprechlust
- Förderung der Artikulationsfähigkeit
- Förderung der Hörfähigkeit zur Lautdifferenzierung
- Förderung des Wortschatzes
- Förderung der korrekten Satzbildung.

Kindergarten und Elternhaus sollten in der Betreuung des sprachauffälligen Kindes Hand in Hand arbeiten. Besonders die Kindergärtnerin kann den Eltern sehr aufschlußreiche Rückmeldungen über Verhalten, Auffälligkeiten, Fortschritte oder Verschlechterungen geben.

10. Die offizielle Behandlung

Bei der offiziellen Behandlung übernimmt der Therapeut eine verbindliche Direktbehandlung des sprachgestörten Kindes. Er erteilt dem Kind eine – meist vorher vereinbarte – Anzahl von Therapiestunden. Er bemüht sich, dem Kind richtige Sprechformen beizubringen und die bestehende Sprechstörung aufzulösen mit dem Ziel, Sprache und Sprechen an die gültigen Normen heranzuführen. Die Behandlung folgt der kindlichen Sprachentwicklung, der Therapeut wird vom Einfachen zum Komplizierten fortschreiten. Gerade bei stark entwicklungsverzögerten Kindern ist ein Schritt-für-Schritt-Lernen angezeigt. Es müssen unbedingt Erfolgserlebnisse gesichert und Versagensängste vermieden werden. Für diese Direktbehandlung gilt der pädagogische Grundsatz, nicht nur die isolierte Sprachstörung zu sehen, sondern das Kind in seiner Eigenart.
In diese Behandlung sind auch die Eltern mit einbezogen; sie tragen die gleiche Verantwortung wie der Therapeut. Ohne Mithilfe des Elternhauses kann in schweren Fällen keine rasche Besserung des Sprechens erwartet werden. Aus meiner Erfahrung weiß ich, daß Eltern oft vom Therapeuten zuviel erwarten.

Der Therapeut führt Einzelbehandlungen durch, er kann aber auch mit drei oder vier Kindern mit annähernd gleichen Sprechfehlern eine Gruppe bilden. Die Gruppentherapie ist billiger für den Kostenträger. Ich gebe aber der Einzeltherapie den Vorzug. Hier kann der Therapeut viel individueller auf das Kind und die Eltern eingehen. Manche Kinder sind aufmerksam, willig, leistungsfähig und vertragen ein konzentriertes Arbeiten. Andere Kinder gleichen Alters sind noch kleinkindhaft, spielerisch, unkonzentriert; hier kann nur behutsam und langsam vorgegangen werden. Wenn noch eine besondere Entwicklungsschwierigkeit hinzu kommt, bedarf es – nach Absprache mit den Eltern – einer wohlüberlegten erzieherischen Führung.
Wie bereits erwähnt, müssen die Eltern in die Behandlung mit einbezogen und im Sinne der Therapie aktiviert werden. Deshalb sollte immer ein Elternteil bei der Behandlung zugegen sein. Der Therapeut führt in die Übungsfolgen ein, gibt Erklärungen und Anweisungen und informiert über die einzelnen Stufen der Behandlung. Bis zur nächsten Therapiestunde haben Eltern oder Erzieher dann die Aufgabe, die begonnenen Übungen fortzuführen. Die erlernten Sprechformen können nur durch ständiges Üben zu Hause in die Alltagssprache eingehen. Wird die Sprachförderung von den Eltern gebührend unterstützt, so muß sich das Kind sprachlich entwickeln. Mitunter geht dies nur langsam vonstatten, manchmal aber auch erstaunlich schnell. Zu berücksichtigen ist dabei auch, daß es dabei Perioden mit Schwankungen und Rückschlägen geben kann.
Es ist auch von Vorteil, die Kindergärtnerin in den Behandlungsablauf einzubeziehen. Auf alle Fälle aber sollte sie wissen, was mit dem Kind geschieht, welche Maßnahmen erforderlich sind, was durchzuführen und zu beachten ist. Auch in dieser nun erweiterten Behandlung behält der Therapeut alle Fäden in der Hand. Er wird nach Abschluß der Behandlung den Eltern allgemeine Richtlinien für das weitere Verhalten dem Kind gegenüber mitgeben. Auch davon müßte die Kindergärtnerin als unmittelbare Bezugsperson des Kindes unterrichtet werden.

10.1. Die Behandlung des Stammelns

Die Behandlung des Stammelns muß dem ausgebildeten Therapeuten überlassen werden. Nur er kann eine genaue Diagnose stellen und Behandlungsmaßnahmen festlegen. Zur Erstuntersuchung gehört die Lautüberprüfung bzw. die Bestimmung der Lautausfälle. Danach werden die Übungen festgesetzt, anfangs leichte, dann immer schwierigere. Schon die erste Kontaktnahme mit dem Kind kann den Verdacht auf eine Hörstörung lenken, von der die Eltern nichts ahnen. Es gibt eine Innenohrschwerhörigkeit, die die Unterscheidung der Lautmerkmale, besonders der Zischlaute, wesentlich erschwert. In vielen Fällen ist es erforderlich, daß der Therapeut das stammelnde Kind zur Überprüfung des Gehörs zum HNO-Arzt überweist.

Die Behandlung des Stammelns ist unbedingt erforderlich. Gewiß verliert es sich im Schulalter, doch dann ist es bereits für das Kind zu spät. Auch in diese Behandlung muß das Elternhaus miteinbezogen werden. Ein Elternteil ist stets bei der Behandlung zugegen und erhält vom Therapeuten genaue Anweisungen für die häusliche Übungsarbeit. Die Mitarbeit der Eltern ist besonders dann erforderlich, wenn in bemessener Zeit Heilungen oder zumindest Besserungen erzielt werden müssen.

Für die Aufnahme der Behandlung haben wir einen Anhaltspunkt: Es wurde bereits vermerkt, daß mit dem 5. Lebensjahr die entwicklungsbedingte Sprachausbildung abgeschlossen sein sollte. Eine genauere Grenze kann nicht gezogen werden, sie verändert sich je nach der Gesamtverfassung des Kindes und dem Grad seines Stammelns. Die Behandlung sollte allenfalls so zeitig aufgenommen werden, daß das Kind mit einer korrekten Sprache eingeschult werden kann. Bei starken Entwicklungsstörungen müssen die Förderungsmaßnahmen natürlich viel früher beginnen.

Stammeln und Dysgrammatismus treten oft gleichzeitig auf, obwohl es zwei selbständige Störungen sind. In der erforderlichen Behandlung wird der Therapeut beide Störungen gleichzeit zu beheben versuchen, wobei er zunächst der Beseitigung des Stammelns den Vorrang gibt. Die völlige Auflösung des Dysgrammatismus nimmt dann einen längeren Zeitraum in Anspruch.

Eltern, die es von Berufs wegen sich zutrauen, ihr stammelndes Kind selbst zu behandeln, empfehle ich die Anleitung von Grunwald: »Sprachtherapie« (s. Literatur).

10.2. Die Behandlung des Dysgrammatismus

Auch hier kann die Einleitung einer Behandlung nur in den Händen eines Fachpädagogen liegen. Er testet die Fähigkeiten des Kindes, stellt die möglichen Ursachen fest und trifft eine Differentialdiagnose (abgestufte, verfeinerte Erkennung). Dann wird ein Therapieplan aufgestellt. In den ersten Sitzungen demonstriert er der Begleitperson des Kindes die Übungen und gibt ausführliche Anleitungen für das weitere Sprechtraining. Die Behandlung des Dysgrammatismus kann sehr langwierig sein, und der Fachpädagoge allein kann ohne die intensive Mitarbeit des Elternhauses das Therapieziel nicht erreichen.

Die Hauptarbeit bei der Behandlung des Dysgrammatismus haben also die Eltern als sogenannte Kotherapeuten zu übernehmen. Nur in Abständen wird der Therapeut oder Fachpädagoge das Kind zu Kontrollsitzungen bestellen. Er wird Übungsmaterial empfehlen bzw. mitgeben, das hauptsächlich aus Bildern und Bildreihen mit vorgegebenen Fragen besteht. Diese Vorlagen machen es einfacher, mit dem Kind in der festgelegten Weise zu arbeiten, vorausgesetzt, es gibt einen Menschen in der Familie, der sich mit unendlicher Geduld und immer wieder mit dem Kind sprachlich beschäftigen kann.

Unabhängig von den Anweisungen des Therapeuten möchte ich hier einige Anleitungen für Eltern und Kindergärtnerinnen geben. Bei einem 5jährigen Kind, das so gut wie keine Grammatikregeln kennt und die Wörter beliebig aneinanderreiht, hilft ständiges Verbessern leider nicht viel oder auch gar nichts. Die Fähigkeit, den Satz richtig zu hören und wiederzugeben, muß in einem mühsamen, langwierigen und systematischen Lernprozeß erworben werden. Eine erste Übung, die die Mutter zu Hause durchführen kann, ist das Frage-Antwort-Spiel. Legt sie beispielsweise einem Kind ein Bild mit einem Ball vor und fragt: »Was ist das?« so wird es antworten: »Ball is!« – Die Mutter antwortet: »Ja, das ist der (ein) Ball!« So wird der Begriff und der Artikel erarbeitet. Später läßt sie den Kurzsatz nachsprechen. Der einfache Satz ist grundlegend für die Sprache des Kindes. Eine gute Übung ist auch folgende: Von bunten Bildern ausgehend (Lotto, Quartett) spricht die Mutter jeweils einen Satz vor und läßt ihn vom Kind nachsprechen. Man fängt mit Dreiwortsätzen an und geht allmählich zu längeren Sätzen über. Das Kind kann die richtige Sprachform schnell begreifen, es können aber auch unzählige Wiederholungen notwendig werden, ehe sich der gewünschte Erfolg einstellt. Doch er bleibt nicht aus, wenn man nur geduldig und beharrlich ist. Es sei davor gewarnt, das Kind wegen seiner Schwäche zu tadeln oder bei wiederholtem Versagen Ungeduld zu zeigen. Dann kann es resignieren und sich wieder in seine Sprechunlust zurückziehen.

10.3. Die Behandlung des Stotterns

Stottern ist weitaus schwerer zu beeinflussen als Stammeln und Dysgrammatismus. Das ist aus der Kompliziertheit der Ursachenkomplexe zu erklären, es ist nicht leicht, die eigentlichen Ursachen herauszufinden. Hinzu kommt, daß bei der Behandlung die Eltern in besonderem Maße mitarbeiten und bereit sein müssen, ihr Verhalten dem Kind gegenüber und ihre Erziehungsmaßnahmen zu ändern.
Es sei wiederholt, daß es im Vorschulalter noch verhältnismäßig leicht ist, das beginnende Stottern zum Abklingen zu bringen. Sehr viel besser ist natürlich Vorbeugung. Dazu sind Informationen darüber erforderlich, was in der Zeit des Sprechenlernens vermieden werden soll und was zu tun ist, damit es nicht erst zu einer Störung der Sprachentwicklung kommt (s. Richter: »Wenn ein Kind anfängt zu stottern« München 1981). Zur Vorbeugung gehört auch, daß Sie sich mit Ihrem Kind sprachlich beschäftigen (s. Teil I, 5.2. und 5.3., S. 81 ff.). Besonders sei auf die beim Stotterer so wichtige Kontaktbeziehung (Mutter-Kind-Verhältnis) hingewiesen. Wichtige Ratschläge im Umgang mit dem stotternden Vorschulkind finden Sie auch in den Hinweisen Teil II, 11.4., S. 86.

11. Allgemeine Hinweise für den Umgang mit einem sprachauffälligen Kind

- Das sprachauffällige Kind ist auf eine besonders wohlmeinende Einstellung seiner Eltern angewiesen. Es muß von ihnen angenommen werden wie es ist. Zwischen ihm und der ganzen Familie sollte eine gute Beziehung bestehen.

- Das Kind darf nicht den Eindruck haben, daß es wegen seiner Störung übersehen oder abgelehnt wird. Es darf auch keine Benachteiligung gegenüber seinen Geschwistern erfahren. Andererseits wäre es ein Fehler, würde man beim sprachbehinderten Kind das Gefühl entstehen lassen, etwas Besonderes zu sein, eine Ausnahmestellung zu haben.
- Das sprachgestörte Kind ist oft ein sensibles Kind. Es braucht liebevolle Zuwendung und Verständnis. Es muß ihm das Gefühl der Geborgenheit und Sicherheit im Elternhaus gegeben werden.
- Das Kind verträgt seiner Sprachauffälligkeit wegen keinen Spott und auch nicht ständige Kritik. Auch für Kinder, die scheinbar weniger empfindlich reagieren, die unbekümmert weitersprechen, wird allzu häufige Kritik zur Belastung, die auf die Dauer seelische Auswirkungen haben muß. Es kann sich kein gesundes Selbstgefühl entwickeln, wenn man täglich an seine Mängel erinnert wird.
- Ungezwungener sprachlicher Kontakt zwischen Eltern und Kind ist die beste Gewähr für eine gute Sprachentwicklung. Man gebe dem Kind oft Gelegenheit, seine Beobachtungen und Erlebnisse zusammenhängend mitzuteilen. Die sprachlichen Äußerungen nehme man mit Verständnis und offensichtlicher Freude auf.
- Geben Sie dem Kind stets Gelegenheit zur Anbahnung eines sprachlichen Kontakts. Widmen Sie ihm Ihre volle Aufmerksamkeit, wenn es mit Ihnen sprechen will. Hören Sie ihm auch dann geduldig und verständnisvoll zu, wenn es etwas erzählt, was ihm wichtig ist, Ihnen selbst aber unwichtig erscheint.
- Gehen Sie unbedingt auf die Nöte und Sorgen des Kindes ein. Geben Sie ihm Gelegenheit zur Aussprache und hören Sie sich an, was es zu berichten hat. Es muß spüren, daß Sie seine Kümmernisse teilen und ihm helfen wollen.
- Sprechen Sie in Gegenwart des Kindes nie über Ihre Sorgen hinsichtlich seiner weiteren Entwicklung. Dadurch kann das Kind sehr verunsichert werden. Vermeiden Sie auch in seiner Gegenwart Vergleiche mit besser sprechenden Kindern.
- Bei gutem Bemühen des Kindes zolle man ihm Anerkennung und Beachtung. Es muß gelobt werden auch für kleine Leistungen, denn es soll ja Selbstvertrauen gewinnen. Belohnungen für Fortschritte werden es erfreuen.
- Ermuntern Sie Ihr Kind zu ausgiebigem Zeichnen und Malen. Ermutigt wird es aber nur dann, wenn die Malergebnisse nicht

kritisiert, sondern gelobt werden. Nehmen Sie das Bild zum Anlaß, darüber ein Gespräch zu beginnen. Zeichnen und Malen sind schöpferische Tätigkeiten, die das Ausdruckshandeln fördern.
- Die Erzieher eines sprachauffälligen Kindes sollten sich bemühen, ihm auch auf anderen Lerngebieten Erfolgserlebnisse zu vermitteln. Hat sich das Kind durch eigene Anstrengung etwas erarbeitet, so ist sein Selbstbewußtsein gestärkt und es wagt sich an neue Aufgaben heran.

11.1. Hinweise für das Verhalten des Erziehers bei verzögerter Sprachentwicklung

- Eltern müssen die verzögerte Sprachentwicklung ihres Kindes sehr ernst nehmen. Sie dürfen nicht auf den gutgemeinten Ratschlag hören: »Das wird sich schon noch von allein geben!«
- Nur eine zielgerichtete, frühzeitige und unter fachpädagogischer Aufsicht stehende Sprachförderung garantiert einen Behandlungserfolg.
- Die Beeinflussung einer stark gestörten Sprachentwicklung geschieht mit kleinen Schritten. Lieber mit Geduld langsam vorwärtsgehen, als unsichere, große Schritte nehmen, wobei das Kind versagen muß und enttäuscht wird.
- In schwierigen Fällen ist große Geduld zu bewahren. Neue Sprechübungen erfordern mitunter viel Zeit. Je mehr ein Kind nachzuholen hat, desto geduldiger müssen die Eltern mit ihm arbeiten.
- Die Sprachförderung darf nicht zum Drill werden. Es hat wenig Sinn, ständig zu korrigieren und ein falsch gesprochenes Wort allzuoft wiederholen zu lassen. Dadurch werden Sprechfreude und Mitteilungsbedürfnis eingeschränkt.
- Eine der Hauptforderungen ist es, die Sprechlust des Kindes zu wecken und zu erhalten. Das geschieht dann, wenn die Bezugsperson viel mit dem Kind spricht und es ständig zum Sprechen ermuntert.
- Sprechunlust ist zu verhüten. Sie kann durch allzu häufigen Wiederholungszwang entstehen oder, wenn das Kind zum Sprechen gedrängt wird. Dann sagt es vielleicht für einige Zeit gar nichts mehr.
- Beim Üben darf das Kind nicht überfordert werden. Es kommt auf

die richtige Dosierung an: Täglich ein- oder zweimal bis zu 25 Minuten, nicht mehr. Die Dauer muß sich der Leistungsfähigkeit des Kindes anpassen. Wichtig ist regelmäßiges Üben, am besten stets zur gleichen Zeit, damit es dem Kind zur Gewohnheit wird.

- Mitunter muß man sogar aufhören können, auch wenn das Kind noch weitermachen möchte. Der eben gewonnene Eifer könnte mißbraucht werden, wenn man geneigt ist, immer noch etwas mehr zu schaffen.
- Jede Übungszeit sollte mit einem anerkennenden Wort und ermutigender Zuversicht abschließen. Das Kind dankt für jedes Lob mit erneutem Eifer. Es soll schließlich selbst danach verlangen, mit der Mutti am Tisch zu sitzen und nach den vorgelegten Bildern zu sprechen.
- Manchmal wird den Eltern geraten, so zu tun, als würden sie das Kind nicht verstehen. Es bemüht sich dann angeblich, besser zu sprechen. Das mag in Fällen zutreffend sein, in denen das Kind deutlicher sprechen könnte, jedoch nachlässig ist und sich nicht bemüht. Wenn ein Kind aber wirklich noch nicht sprechen kann, würde man es mit diesem Verhalten in Verzweiflung stürzen, und es würde eher aufgeben, als sich angespornt fühlen.
- Ungeduldigen Eltern darf gesagt werden: Wenn ein Kind geistig normal ist, gut hört und keine körperlichen Abnormitäten zeigt, so können Sie sicher sein, daß es richtig sprechen lernen wird.

11.2. Hinweise zur Förderung des stammelnden Vorschulkindes

- Das stammelnde Kind ist vorerst ein stark behindertes Kind. Die vorrangige Aufgabe besteht darin, die Schwierigkeiten bei der Lautbildung vor dem Schuleintritt zu beheben.
- Alle Maßnahmen und Übungen sind nur nach Absprache mit dem behandelnden Therapeuten und nach seiner Anweisung durchzuführen.
- Die therapeutischen Hausaufgaben müssen mit viel Geduld und Beharrlichkeit durchgeführt werden. Die Mitarbeit der Eltern hat entscheidenden Anteil am Behandlungserfolg.
- Das Kind erwirbt Sprache und Sprechen durch Nachahmung. Das sollten Sie beachten. Sprechen Sie daher mit dem Kind immer langsam, lautrein und mit einer etwas übertriebenen Artikulation bei ausgeprägter Mundstellung.

- Beim täglichen Üben setzen Sie sich mit dem Kind möglichst vor einen Spiegel. So können Sie überprüfen, ob Sie die richtigen Mundbewegungen zur Lautformung machen, und das Kind wird diese Mundstellungen abschauen.
- Üben Sie, wenn möglich, täglich zur annähernd gleichen Uhrzeit. Die Übungen müssen abwechslungsreich sein. Sollte die Aufmerksamkeit zu erlahmen drohen, muß eine andere, spielerische Übung eingeschoben werden.
- Die Übungszeit soll, je nach Stabilität des Kindes, 20 bis 30 Minuten betragen. 30 Minuten sollten aber nicht überschritten werden.
- Als Übungsmaterial verwenden Sie möglichst Bilder und Wortreihen, die Ihnen der Therapeut mitgegeben oder empfohlen hat. Die Bilder sollten bunt sein, damit sie die Aufmerksamkeit des Kindes fesseln.
- Zwingen Sie das Kind niemals zur Mitarbeit, Sie würden ihm dadurch die Freude an den Sprechübungen nehmen. Auch qualvolles Herumüben mit einem noch nicht beherrschten Laut ist zu vermeiden; mit wachsender Sprechsicherheit wird er eines Tages gelingen. Die häuslichen Übungen sollten stets Spielcharakter haben.
- Bei schwierigen, noch einzuübenden Lautverbindungen sprechen bzw. artikulieren Sie zunächst zusammen mit dem Kind. Sie führen damit gleichsam seine Artikulation, so daß ihm die Lautbildung sofort leichter fällt. Sie hören trotzdem, wie es gesprochen hat. Erst wenn das Kind eine gewisse Sicherheit in der Lautbildung erlangt hat, erfolgt das übliche Vorsprechen und Nachsprechenlassen. Dieses Verfahren hat sich in meiner Praxis sehr bewährt.
- Für gutes Mitmachen und Können sollte das Kind etwas über Gebühr gelobt werden. Machen sie ihm seine Fortschritte immer wieder bewußt. Die gemeinsame Freude darüber spornt weiter an. Als ausdrückliche Anerkennung soll das Kind auch eine Belohnung bekommen.
- Das häusliche Übungsprogramm ist erst dann zu beenden, wenn das Kind auch spontan und nicht nur bei den Übungen fehlerfrei spricht.

11.3. Hinweise zur Förderung des dysgrammatisch sprechenden Vorschulkindes

- Bei dieser sprachlichen Fehlleistung ist es am wichtigsten, das Sprachgefühl des Kindes zu wecken und zu schulen.
- Lernziele sind: Schrittweise Aneignung aller Wortarten für den Satzbau, Entwicklung und Ausdrucksfähigkeit, allmähliches Anwenden der richtigen grammatischen Formen. Anregend wirken Vorbild und Nachahmung.
- Meine Erfahrung besagt, daß Aufmerksamkeit, Konzentration und Gedächtnis des Kindes besonders geschult werden müssen.
- Die Förderung von Aufmerksamkeit und Konzentration verlangt eine Hörerziehung. Dazu gibt es verschiedene Übungen (s. Grunwald, S. 47/48).
- Zur Schulung des Gedächtnisses lassen Sie kurze Verse auswendig lernen, aber nicht durch ermüdendes Einpauken, sondern durch spielerisches Wiederholen mit Freude an Reim und Text.
- Seien Sie dem Kind ein gutes sprachliches Vorbild. Versuchen Sie, stets langsam, lautrein und gut artikuliert mit ihm zu sprechen, und in kurzen, einfachen Sätzen. Das Kind wird diese Sprechweise nachahmen.
- Bei unsicherer Ausdrucksweise sprechen Sie dem Kind die einwandfreie Satzform vor und lassen es den Satz wiederholen. Regen Sie es durch freundlichen Zuspruch und gut verständliches Vorsprechen zum Nachsprechen an.
- Halten Sie das Kind an, in kurzen, aber vollständigen Sätzen zu sprechen. Kurze Sätze erleichtern den Denksprechvorgang. Wenn es nach Worten, Begriffen und grammatischer Wortfolge sucht, so helfen Sie ihm.
- Geben Sie dem Kind durch gemeinsames Betrachten von Bildern und Bilderbüchern vielfältige sprachliche Anregungen. Das Sprechen bereitet dem Kind weniger Schwierigkeiten, wenn es sich an bildhaften Darstellungen orientieren kann. Bilder, auf denen Tätigkeiten zu sehen sind, regen in besonderem Maße die Sprechfreudigkeit an.
- Aussprachefehler sind unauffällig und geduldig zu korrigieren, so daß das Kind allmählich in die richtige Ausdrucksform hineinwächst. Tadeln Sie seine sprachlichen Mängel nicht.
- Üben Sie mit dem Kind auch das Zuhören, wenn Sie mit ihm

sprechen. Kontrollieren Sie durch einfache Fragen, ob es alles verstanden hat. Ermuntern Sie es recht oft zum Nacherzählen.
- Die Behandlung des Dysgrammatismus erfordert kein Fachwissen, wie z. B. das Stammeln. Eltern, die sich pädagogisches Geschick zutrauen, können Dysgrammatismus bei ihrem Kind auch selbst behandeln (s. Grunwald: »Sprachtherapie«).

11.4. Hinweise zur Förderung des stotternden Vorschulkindes

- Das stotternde Kind ist meist ein gehemmtes und verunsichertes Kind. Es braucht vor allem seelische Unterstützung und Aufmunterung, und erst dann eine Sprachbehandlung.
- Dem stotternden Kind muß Teilnahme und Wohlwollen entgegengebracht werden. Es ist ein verhängnisvoller Irrtum, zu glauben, dem Kind durch strenges Ermahnen, Verspotten oder gar Strafen die Sprachstörung austreiben zu können. Es soll im Gegenteil so wenig wie möglich an die Störung erinnert werden.
- Seien Sie geduldig mit Ihrem Kind und seinem gestörten Sprechen. Helfen Sie beharrlich, die gehemmte Sprechfähigkeit zu überwinden. Was Sie jetzt versäumen, können Sie später nur noch unter großem Zeitaufwand oder gar nicht mehr aufholen.
- Nennen Sie die Sprachstörung Ihres Kindes nicht »Stottern«. Dieses Wort ist zu vermeiden und kann durch »Anstoßen« ersetzt werden. Sprechen Sie von »Stottern«, und hört das Kind dieses Wort auch von anderen Personen, so wird es seine gestörte Sprechweise schließlich als Makel empfinden.
- Verhindern Sie, daß das Kind seines Stotterns wegen geneckt, verlacht oder imitiert wird. Weil es gerade in diesem Punkt sehr empfindlich ist, würde dies sein Verhältnis zu anderen Kindern verschlechtern.
- Korrigieren Sie auf keinen Fall die Sprechweise des Kindes. Lassen Sie einen gestotterten Satz nicht wiederholen. Geben Sie auch keine falschen Ratschläge, wie: »Hole erst tief Luft!«, »Überlege erst, was du sprechen willst!« Solche Aufforderungen sind im Vorschulalter noch nicht angebracht.
- Hören Sie bei beginnendem Stottern zunächst darüber hinweg. Das Kind darf nicht in eine Sprechunsicherheit gebracht werden, und es sollte alles vermieden werden, das ihm die Störung bewußt macht.

- Stellen Sie keine Fragen in strengem Ton, so daß das Kind darüber erschrickt und unsicher wird. Auch überraschende Fragen lösen sofort die affektive Erregbarkeit und damit Stottern aus. Lassen Sie dem Kind genügend Zeit zum Überlegen und zum Antworten. Es braucht Ruhe und eine gewisse Anlaufzeit, bevor es spricht.
- Wenn Sie selbst sehr nervös und gereizt sind, werden Sie diese Unruhe auf das Kind übertragen. Soll es in dieser Situation über etwas berichten, wird es nur stotternd antworten können. Es ist zwar schwer, Unruhe zu beherrschen, aber in diesem Falle unbedingt erforderlich.
- Bestehen Sie darauf, daß das Kind langsam spricht. Die Erziehung zum langsamen Sprechen genügt oft, ein beginnendes Stottern wieder abklingen zu lassen. Sehr oft setzt das Kind mit Hast zum Sprechen an und spricht dann aus der Erregung heraus überstürzt. Dabei geht die Sprechordnung verloren und das Kind kommt ins Stottern. Unterbrechen Sie es und lassen Sie es nochmals langsam beginnen. Loben sie es, wenn es langsam gesprochen hat.
- Kritisieren Sie nicht, wenn das Kind einmal besonders schlecht spricht. Das liegt in der Natur dieser Sprachstörung. Sie sollten wissen, daß das Kind, je nach Konstitution, gute und schlechte Sprechtage hat.
- Beim stotternden Vorschulkind müssen Sie sehr geduldig sein und dürfen nicht erwarten, daß es schon nach wenigen Bemühungen wieder flüssig sprechen wird. Aber im Vorschulalter ist ein beginnendes Stottern am leichtesten abzufangen.

12. Zwei Beispiele einer stark verzögerten Sprachentwicklung

Ein Jahr vor seinem regulären Schuleintritt wurde mir von der Mutter ein Mädchen vorgestellt, das schwer stammelte und dazu nur einen geringen Wortschatz besaß. Aufgrund des mangelnden Sprechvermögens war das Mädchen nicht in den Kindergarten geschickt worden, es blieb in der Obhut der Großmutter. Bei der Vorschuluntersuchung hatte der Schularzt der Mutter mitgeteilt, daß das Kind zunächst ein Jahr von der Einschulung zurückgestellt würde, und dann wohl die Schule für Lernbehinderte besuchen müßte. Mein kurzer Intelligenztest ergab, daß das Mädchen keinen großen Intelligenzausfall haben konnte. Die in Aussicht gestellte Sondereinschulung machte der Mutter besonderen Kummer. Sie war bereit, einige Monate mit der Berufsarbeit auszusetzen, um sich in dieser Zeit mit ihrem Kind zu beschäftigen. Wir nahmen die Behandlung sofort auf. Mutter und Kind kamen zwar nur einmal in der Woche zu mir (ihr Wohnort war 45 km entfernt), aber die Mutter arbeitete in der Zwischenzeit nach meinen Anweisungen sehr fleißig mit dem Mädchen. Auch das Kind machte eifrig mit, zeigte gute Lernbereitschaft und wurde immer aufgeschlossener. So kamen wir sehr schnell voran. Die Hauptschuluntersuchung Ende Juni ergab dann, daß das Mädchen noch im selben Jahr und zwar in einer Normalschule eingeschult werden konnte.

Infolge einer starken sprachlichen Entwicklungsverzögerung kann es zu einer völlig falschen Einschätzung des Kindes kommen. In einem Kindergarten für nicht einschulungsfähige Kinder wurde mir die 5jährige Simone vorgestellt: Bei ihr würden keine ernsthaften Intelligenzausfälle bestehen, aber sie könne noch nicht viel sprechen. Mich reizte dieser Fall, und ich versuchte eine Sprachbehandlung. Die Mutter war geschieden, sprach gern dem Alkohol zu und war aufgrund eines Nervenleidens Frühinvalidin. Der jüngere Bruder von Simone litt an epileptischen Anfällen. Die Mutter kam regelmäßig mit Simone zur Therapie und übte auch zu Hause sehr fleißig mit ihr. Was zu Beginn nicht so recht glaubhaft erschien, wurde wahr: Simone lernte schnell, in nur etwa neun Monaten das Sprechen. Im Januar wurde sie vom Normalkindergarten übernommen. Dort erfuhr sie weitere Sprachförderung, während meine Behandlung noch bis zu den Sommerferien weiterlief. Dann kam die Frage der Einschulung: Eine Kommission entschied, daß Simone in die Normalschule kommen sollte. Meine Bedenken, daß die geistigen Fähigkeiten Simones dem normalen Schulunterricht nicht gerecht werden könnten und daher eine Sonderschule zweckmäßiger wäre, blieben unbeachtet. Der Sprung vom Kindergarten für nicht schulfähige Kinder zur Normalschule schien mir zu groß. Wie vermutet kam sie im Unterricht nicht mit. Simone erhielt Nachhilfestunden und wurde damit überfordert. Sie flüchtete sich in ein Stottern, welches innerhalb kurzer Zeit recht heftig wurde. Eine Fehlentscheidung der Kommission hatte dem Mädchen diese schwere Sprachstörung eingebracht. Mit Beginn des 2. Schuljahres kam Simone dann doch in die Hilfsschule. Das Stottern aber blieb bestehen. Ich traf Simone dann noch einmal in der 8. Klasse. Sie stotterte immer noch, wenn auch nicht mehr so auffällig, sondern versteckt. Der Auslösungsfaktor für das Stottern war zweifellos eine nervliche Überforderung. Die Anlage dazu (Disposition) lag im Organischen. Wir wissen, daß es in Familien, in denen Epilepsie vorkommt, auch häufig Stotterer gibt. Eine Anlage besagt aber noch lange nicht, daß die Störung zum Ausbruch kommen muß.

Literatur

Biesalski, P.: Ärztlicher Rat bei Sprachstörungen im Kindesalter. Thieme Verlag, Stuttgart 1978

Führing, Lettmayer, Elstner, Lang: Die Sprachfehler des Kindes und ihre Beseitigung. Österreichischer Bundesverlag, Wien 1978

Grunwald, A.: Sprachtherapie. Hamburg 1979 (Direktbezug vom Verlag Sigrid Persen, Billwiese 10, 2050 Hamburg-Bergedorf

Gutzmann, H.: Des Kindes Sprache und Sprachfehler. Verlagsbuchhandlung Weber, Leipzig 1931

Hortmann, K.: Die Bedeutung einer normgerechten Sprachentwicklung im Säuglings- und Kleinkindalter. Ärztliche Jugendkunde 61, 1970, 535–543

Kainz, F.: Die Sprachentwicklung im Kindes- und Jugendalter. Reinhardt Verlag, München 1964

Maschka, F., Enenkel, K.: Mein Kind hat Schwierigkeiten beim Sprechen. Jugend & Volk, Verlagsgesellschaft, Wien 1969

Puppe, P.: Sprachauffälligkeit im Vorschulalter – der neue Schwerpunkt einer zeitgemäßen Sprachbehindertenpädagogik. Die Sprachheilarbeit 21. Jg. 1976, 141–152, 169–184

Radigk, W.: Wie Andi das Sprechen lernt. Scriptor Verlag, Königstein/Ts. 1982

Reckling, H.-J.: Rhythmisch-musikalische Erziehung in der Sprachheilschule. Marhold Verlagsbuchhandlung, Berlin 1975

Richter, E.: Rhythmus als ausdrucksfördernder Faktor in der Übungsbehandlung des Stotterns. Die Sprachheilarbeit 12. Jg. 1967, 50–60

Richter, E.: Wenn ein Kind anfängt zu stottern. Reinhardt Verlag, München 1981

Richter, E., Wertenbroch, W.: Die Sprachübungsbehandlung des Stotterns. Verlag Sigrid Persen, Hamburg 1980

Rösler, A.: Der praktische Sprachheillehrer. Marhold Verlagsbuchhandlung, Halle/Saale 1933

Seemann, M.: Sprachstörungen bei Kindern. VEB Verlag Volk und Gesundheit, Berlin 1974

Teumer, J., Schwarze, A.: Spricht Ihr Kind wie andere Kinder? »Paket«: Materialien zur Öffentlichkeitsarbeit. Hamburg 1982

Wertenbroch, W.: Übungsbuch zur Behandlung des Stotterns nach der Methode von Erwin Richter. Verlag Sigrid Persen, Hamburg 1982

Wulff, J.: Sprechfibel. Wegweiser zum richtigen Sprechen für die Kleinen. Reinhardt Verlag, München 1977

Wulff, J., Wulff, H.: Der kleine Sprechmeister. Reinhardt Verlag, München 1974

»Kinder sind Kinder«

Unter dieser alten und doch immer wieder neuen Erkenntnis bietet diese Schriftenreihe Ratgeber-Informationen all denjenigen, die täglich mit Kindern zu tun haben. Eltern und Erzieher stehen oft vor Erziehungssituationen, in denen sie Rat benötigen. Die Texte sollen helfen, Probleme richtig zu erkennen, zu vermeiden oder ihren Anfängen entgegenzuwirken, um falschem Erzieherverhalten vorzubeugen, aber auch unbegründete Ängste besorgter Eltern zu zerstreuen.

1 Linkshändige Kinder in Familie und Schule
2 Wenn ein Kind anfängt zu stottern
3 Begabte Schulversager
4 Kinder erleben und verstehen
5 Schule – unheimlich wichtig
6 Müssen Legastheniker Schulversager sein?
7 Unser Kind ist ungeschickt
8 Fünf Fragen an den Elternberater
9 So lernen Kinder sprechen

Wenn ein Kind anfängt zu stottern

Ratgeber für Eltern und Erzieher
Von Erwin Richter

Stottern im Vorschulalter tritt recht häufig auf. Jungen sind davon etwa viermal mehr betroffen als Mädchen. Bei einem unvollkommenen oder gestörten Sprechen braucht es sich nicht in jedem Falle schon um ein echtes Stottern zu handeln. Wie in einem späteren Kapitel beschrieben wird, gibt es eine kindliche Sprachstörung, die noch in den Grenzen der normalen Entwicklung liegt. Das Kind steht aber in ernster Gefahr, bei falschem Verhalten der Erzieher ein echter Stotterer zu werden. Deshalb soll dieses Buch auch zur Verhütung des Stotterns im frühen Kindesalter beitragen. Es soll helfen, die oftmals unbegründeten Besorgnisse der Eltern durch möglichst sachliche Informationen zu ersetzen.

94 Seiten (»Kinder sind Kinder« 2), Ernst Reinhardt Verlag München

Müssen Legastheniker Schulversager sein?

Von Beate Lohmann

Durch das Erleben und Beobachten der Legasthenie seit 20 Jahren in der eigenen Familie war die Verfasserin so betroffen, daß sie sich mit 40 Jahren noch einmal zum Studium entschloß, um die Hintergründe, die zur Legasthenie führen, zu erforschen. Eine Legasthenie erkennen und richtig kompensieren lernen ist für die Betroffenen eine Kernfrage. Falsche Einschätzung des Phänomens Legasthenie stört das Schul- und Berufsleben beträchtlich. Elternhaus und Schule müssen die andersartige Entwicklung dieser Kinder erkennen und ihre speziellen Begabungen müssen gefördert werden, damit sie zu Erfolgen in Schule und Beruf führen können.

Warum die Behandlung dieses Themas notwendig ist

Mögliche Ursachen der Legasthenie
Entwicklungslegasthenie
Zusammenhang zwischen sensiblen Phasen und Lernstoff
Entwicklung der visuellen Wahrnehmung
Entwicklung der akustischen Wahrnehmung
Hirnphysiologisch bedingte Legasthenie
Visuelle Wahrnehmung
Akustische Wahrnehmung
Störungen im Richtungssehen und Richtungshören
Milieubedingte Lese-Rechtschreibschwäche

Erscheinungsform der Legasthenie
Woran erkenne ich frühzeitig eine Anlage zur Legasthenie?
Maßnahmen im Wahrnehmungsbereich
Konzentration und Ausdauer
Frustrationstoleranz
Intelligenzentwicklung
Motorische Unruhe
Verhalten der Legastheniker
Das Zusammenleben
Wie behandle ich den Legastheniker
Erziehung im Elternhaus
Verbesserung des Kind-Umweltbezuges

Vorschläge für die Therapie
Lernentwicklung bei Legasthenikern
Orientierungsübungen
Konzentrationstraining
Hausaufgaben
Therapie im Lernbereich
Lesehilfen
Rechtschreibhilfen

Untersuchung der Erblichkeit in einem betroffenen Familienverband

Legasthenie und große einseitig begabte Persönlichkeiten

Fallbesprechungen
Genetisch bedingte Legasthenie
Entwicklungsbedingte Legasthenie
Milieubedingte Lese-Rechtschreibschwäche
Auswirkungen einer nicht behandelten Legasthenie bei Erwachsenen

94 Seiten (»Kinder sind Kinder« 6), Ernst Reinhardt Verlag München

Linkshändige Kinder in Familie und Schule

Von Alfred Zuckrigl

Linkshänder gibt es überall und zu allen Zeiten. Manche haben Schwierigkeiten in der Rechtshänderzivilisation und können sich nicht ihrer Veranlagung gemäß entfalten. Der Verfasser, der auf diesem Gebiet auf reiche Erfahrung zurückgreifen kann, ist besonders berufen, Eltern, Kindergärtnerinnen, Erziehern und Lehrern das Erscheinungsbild zu zeichnen, sie zu beraten und wissenschaftlich begründete Entscheidungshilfen, u. a. für die Wahl der Schreibhand, anzubieten. Neben Funktionsproben und Testverfahren werden vor allem Methoden aufgezeigt, linksveranlagte Kinder zu fördern.

Das Erscheinungsbild der Linkshändigkeit
Manche Linkshänder haben Schwierigkeiten
Bedingungen der Linkshändigkeit
Vererbung
Erworbene Händigkeit
Ist Beidhändigkeit ein Idealzustand der Ausgeglichenheit?
Ein Rückschritt in der Menschheitsentwicklung?
Arbeitsteilung oder Dominanz?
Häufigkeit der Linkshändigkeit
Linkshändigkeit und Geschlechtszugehörigkeit
Ausprägungsgrade der Händigkeit

Sprache und Linkshändigkeit
Händigkeitsentwicklung und Sprachentwicklung
Linkshändigkeit und Sprachbehinderungen
Beziehungen zum Stottern
Lese-Rechtschreib-Schwächen bei Linkshändern
Behandlung von Sprachbehinderungen und Lese-Rechtschreib-Schwäche

Funktionsproben der Seitigkeit
Rechts-Links-Unsicherheit
Feststellung der Veranlagung zur Linkshändigkeit
Linksäugigkeit
Schielen
Linksfüßigkeit
Zungigkeit
Ohrigkeit

Kreistraining zur Stärkung anlagemäßiger Seitigkeit
Bewährte Handfunktionsproben
Geeichte Testverfahren

Mit welcher Hand soll geschrieben werden?
Eine falsche Lehrmeinung
Soll man Linkshänder links schreiben lassen?
Umgewöhnung – »primum non nocere«!
Das Überwiegen einer Seitigkeit bestimmt die Entscheidung
Methodisches Vorgehen bei der Umschulung
Linkshändiges Schreiben
Zur Methodik der Rückerziehung zur Linkshändigkeit
Förderungsmöglichkeiten bei pathologischer Linkshändigkeit

Linkshänder im Beruf
Intelligenz und Linkshändigkeit
Linkshänder – Stenografie
Vorteile der Linkshändigkeit
Linkshänderinitiativen!

Zehn Leitsätze

62 Seiten (»Kinder sind Kinder« 1), Ernst Reinhardt Verlag München

Unser Kind ist ungeschickt

Hilfen für das bewegungsauffällige Kind
Von Ernst J. Kiphard

Es gibt eine ganze Reihe von Fachbüchern über Bewegungsstörungen bei Kindern. Sie sind jedoch für Eltern im allgemeinen weder zugänglich noch verständlich. In dieser Elternfibel wird auf schwierige Fachausdrücke verzichtet. Statt dessen sollen die Probleme des Kindes anhand von Beispielen verdeutlicht werden. Vor allem geht es darum, aufzuzeigen, was man dagegen tun, welche konkreten Hilfen man anbieten kann. So ist es das Anliegen des Autors, durch verständliche Information mehr Verständnis für die Schwierigkeiten des bewegungsauffälligen Kindes zu erreichen. Das gilt in erster Linie für Eltern als diejenigen, welche zuerst mit den Problemen ihrer Kinder konfrontiert werden. In zweiter Linie geht es darum, Erzieher und Lehrer zu informieren, damit der Lebensweg dieser Kinder nicht zu einem Leidensweg wird.

80 Seiten (»Kinder sind Kinder« 7), Ernst Reinhardt Verlag München

Fünf Fragen an den Elternberater

Zählenlernen, Farbenkennen, Geschwisterverhalten, Bettnässen, Straßenverkehr
Von Heinz-Lothar Worm

Immer wieder kommt es vor, daß Kinder sich schwertun, zählen zu lernen, die Farben zu unterscheiden oder ein neues Geschwisterchen zu akzeptieren. Manche Eltern sind in Sorge, weil ihr Kind lange über die normale Zeit hinaus einnäßt oder sich im Straßenverkehr durch leichtsinniges Verhalten immer wieder selbst gefährdet. Dieses Buch will den Eltern aufzeigen, welche Ursachen dem Versagen des Kindes zugrunde liegen können und welche Möglichkeiten der Hilfe es gibt. Das Buch ist auch als Hilfestellung und Anregung gedacht für alle, die von Berufs wegen mit der Erziehung kleiner Kinder betraut sind.

Unser Kind kann nicht zählen

Unser Kind kann die Farben nicht benennen

Unser Kind lehnt sein kleines Geschwisterchen ab

Unser Kind näßt immer noch ein

Verhalten im Straßenverkehr

66 Seiten (»Kinder sind Kinder« 8), Ernst Reinhardt Verlag München